Anselm Grün

Zur inneren Balance finden

Anselm Grün

Zur inneren BALANCE finden

Was das Leben leichter macht

Herausgegeben von
Rudolf Walter

HERDER

FREIBURG · BASEL · WIEN

MIX
Papier aus verantwortungsvollen Quellen
FSC® C014496
FSC
www.fsc.org

www.herder.de

Erstausgabe unter dem Titel
Mit Anselm Grün zur inneren Balance finden
Freiburg im Breisgau 2006

Umschlaggestaltung und Innengrafik:
Gestaltungssaal München
Satz: Dtp-Satz-Service Peter Huber, Freiburg
Herstellung: GGP Media GmbH, Pößneck

ISBN 978-3-451-00593-0

INHALT

EINE KLEINE LEBENSSCHULE

EINLEITUNG

Es war am Morgen des 7. August 1974 in Manhattan. Die New Yorker, die an diesem Tag, kurz vor 8.00 Uhr, wie gewöhnlich aus den U-Bahnen und Vorortzügen strömten, um an ihre Arbeitsstellen und in ihre Büros zu eilen, blieben an diesem Morgen in den Straßenschluchten von Manhattan stehen. Zuerst waren es einige wenige, dann immer mehr, die ungläubig nach oben starrten, zu den Twin Towers, den silbernen Türmen des World Trade Centers, das erst ein Jahr später eröffnet werden sollte. Dort oben in luftiger Höhe, wo die Spitzen beinahe die Wolken streiften, schwebte ein Mensch. Es war der französische Hochseilartist Philippe Petit. Er bewegte sich in über 400 Meter Höhe mit einer Balancierstange über das feine Stahlseil, das mit einer Armbrust von dem einem Turm zum anderen geschossen worden war.

Kaum war er auf der anderen Seite angekommen, war dort oben auch schon die Polizei zur Stelle. Als die Beamten Philippe Petit festnahmen, verstand er die Frage nach dem Grund seines Tuns gar nicht recht: „Ich musste einfach. Es ist eine innere Notwendigkeit. Wenn ich drei Apfelsinen sehe, muss ich jonglieren. Und wenn ich zwei Türme sehe, muss ich gehen." Und er erzählte: Als er die beiden Türme von Notre-Dame in Paris gesehen hatte, habe er das Gleiche getan wie jetzt in New York. Die Polizisten von New York glaubten ihm nicht und schickten ihn in die Psychiatrie. Doch der Arzt bescheinigte, dass Philippe Petit nicht verrückt sei. „Gesund und sprühend vor Lebenskraft“, war die Diagnose. Die Polizisten ließen sich schließlich davon überzeugen, dass er nicht aus Sensationsgier über das Seil gegangen war, auch nicht, weil er Geld verdienen oder sich vor den Menschen produzieren wollte. Es war einfach ein innerer Drang: Er sah die Türme und musste die Distanz zwischen ihnen überwinden. Man einigte sich schließlich gütlich. Der Artist wurde nicht bestraft. Er musste allerdings versprechen, seine Kunststücke den Kindern im Central Park vorzuführen.

Die Presse der Welt schrieb damals über das Ereignis, Künstler in aller Welt nahmen ihn sich zum Vorbild. Auch Henri J. M. Nouwen, der große geistliche Schriftsteller, der den Zirkus immer auch als Modell des spirituellen Lebens sah, war fasziniert von Philippe Petit, weil er so fraglos tat, was er in sich als Notwendigkeit spürte.

Es muss nicht die Sensation von New York sein. Viele haben die Faszination der Seiltänzer auch schon in einem kleinen Zirkus erlebt. Woher rührt diese Faszination? Was sie tun, ist nicht nützlich, es bringt keinen Erkenntnisfortschritt, es ist auch nicht von großer Dauer, sondern ein ganz flüchtiges Ereignis. Wenn die Vorstellung vorbei ist, bleibt nur noch ein Gefühl – und die Erinnerung an ein Bild. Aber in dieser Emotion und in diesem Bild berührt uns etwas, was eine tiefere Schicht anspricht und mit der Angst um unser Glück zu tun hat. Es ist die Sehnsucht, in schwierigen Situationen unser Gleichgewicht zu wahren, und die Hoffnung, trotz aller Gefährdung in unserem Leben nicht zu verunglücken.

Die richtige Balance zu finden, ist eine Kunst. Seiltänzer beherrschen diese Kunst am hohen Seil, und sie ernten dafür Applaus und Begeisterung. Ganz besonders, wenn sie ihre Kunst gerade dort zeigen, wo wir vor Angst unser Gleichgewicht verlieren würden. Für Philippe Petit war es ein innerer Drang, zu zeigen, dass es möglich war, am höchsten Punkt über das Seil zu gehen und dabei nicht abzustürzen. Und von dieser Mischung aus Gefährdung und Sicherheit, aus Können, Leichtigkeit und Spannung sind wir als Zuschauer angerührt und angesprochen – auch in der Tiefe unserer Seele.

Schon die Sprache zeigt, worum es bei dieser Erfahrung *auch* geht: Die gleiche Wurzel wie in „Balance" steckt auch in der „Bilanz". Die Bilanz bringt Soll und Haben, Gewinn und Verlust, Ausgaben und Einnahmen ins Gleichgewicht. Unternehmer rechnen beides gegeneinander auf und hoffen, dass sie am Jahresende eine ausgeglichene Bilanz vorlegen können. Was für das Ergebnis des Unternehmens gilt, haben wir auch auf unser persönliches Leben übertragen. In diesem Sinne spricht man von „Lebensbilanz". Wir möchten, wenn wir eine solche Bilanz ziehen, gerne, dass sich auch da Erfüllung und Enttäuschung, Höhen und Tiefen, Freude und Leid ausgleichen und dass wir nicht in eine seelische Schieflage geraten. Wir möchten innerlich im Gleichgewicht bleiben und nicht von der Schwerkraft nach unten gezogen werden.

Die Lateiner sprechen hier von „aequo animo“, vom Gleichgewicht der Seele oder vom Gleichmut. Der hl. Benedikt verlangt vom Cellerar, dem für die wirtschaftlichen Belange des Klosters Verantwortlichen, dass er „aequo animo“ seine Arbeit erfülle. Inneres und Äußeres sollen sich entsprechen. Er soll am Jahresende dem Konvent nicht nur eine gute Bilanz vorlegen, er soll auch in sich selber Balance halten. Er soll sich nicht von den Problemen bei der Verwaltung aus dem inneren Gleichgewicht bringen lassen, sondern alles mit einem ruhigen und weiten Herzen beurteilen. Für Benedikt braucht es zum Gleichgewicht die innere Weite. Wer sich eng hinstellt, der hat kein Stehvermögen. Er kann leicht umgeworfen werden. Wir brauchen Weite, um uns nicht von jeder Enttäuschung oder Verletzung aus der Balance bringen zu lassen.

Der Schweizer Psychologe C. G. Jung spricht davon, dass jeder Mensch in sich immer zwei Pole hat: den Pol des Verstandes und des Gefühls, der Liebe und der Aggression, des Bewussten und des Unbewussten, des Männlichen und des Weiblichen. Die Kunst der Menschwerdung besteht darin, diese beiden Pole gleichermaßen zu berücksichtigen. Dabei geschieht es meistens so, dass der Mensch in der ersten Lebenshälfte nur einen Pol bewusst lebt. Dann gelangt der andere Pol ins Unbewusste. Jung spricht hier vom Schatten. Im Schatten haust alles, was wir vom Leben ausgeschlossen haben. Solange es aber im Schatten bleibt, wirkt es sich oft destruktiv auf unsere Seele aus. Das verdrängte Gefühl zeigt sich in Sentimentalität, in der wir von den Gefühlen überschwemmt werden und nicht mehr angemessen damit umgehen können. Die verdrängte Aggression äußert sich in harten Urteilen über andere oder aber in depressiven Stimmungen. Oft schlummert sie hinter einer freundlichen Fassade. Aber man merkt hinter dieser Freundlichkeit die aggressiven Pfeile, die von diesem Menschen ausgehen. Zum Weg der Selbstwerdung gehören die Annahme des Schattens und seine Integration. Wir müssen Bewusstes und Unbewusstes ins Gleichgewicht bringen. Dieses Gleichgewicht ist jedoch nicht etwas Statisches. Psychologen sprechen vielmehr vom „Fließgleichgewicht". Wir müssen dieses lebendige Gleichgewicht immer neu finden.

In der spirituellen Tradition war es im letzten Jahrhundert vor allem der Religionsphilosoph Romano Guardini, dem es um die richtige Spannung und das rechte Gleichgewicht im Menschen ging. Seine Spiritualität fußt dabei auf einer Philosophie des Gegensatzes, die er entwickelt hat. Guardini zeigt darin auf, dass alles Lebendige sich als Gegensatz darstellt: als Gegensatz von Dynamik und Statik, von Form und Fülle, von Ganzheit und Einzelheit, Ursprünglichkeit und Regel, Immanenz und Transzendenz. Das Leben ist immer zweiseitig, polar. Und doch verlangt es nach Einheit. Aber diese Einheit hebt den Gegensatz nicht auf, sondern erzeugt eine gesunde Spannung, ein gutes Gleichgewicht. Daher war Guardini gefeit gegen alle Übertreibungen, wie sie in der katholischen Spiritualität immer wieder vorkamen. Guardini steht dabei in einer guten und langen Tradition. Denn schon die frühen Mönche meinten: „Alles Übermaß ist von den Dämonen." Ihre Einsicht: Wenn ich nur fromm bin und meine menschlichen Bedürfnisse überspringe, werden sich in meine Frömmigkeit oft sehr banale Bedürfnisse mischen, etwa das Bedürfnis nach Anerkennung und Zuwendung, nach Macht und Geltung. An der Wahrheit dieser Einsicht hat sich bis heute nichts geändert.

Man könnte dieses kleine Buch auch als „Kleine Lebensschule" bezeichnen. „Nicht für die Schule lernen wir, sondern fürs Leben", sagt man seit alters. Vom lebenslangen Lernen sprechen Pädagogen heute, wenn sie die immer neuen Anforderungen der modernen Gesellschaft im Blick haben. Wir lernen heute viel, aber das elementare Lebenswissen kommt zu kurz, das, was früher durch Tradition oder persönliches Vorbild weitergegeben wurde. Denn nicht nur um anwendbare und verwertbare Fertigkeiten geht es. Zumindest nicht, wenn wir von einem gelingenden oder guten Leben sprechen. Sondern es geht, wenn wir danach fragen, was ein glückendes und sinnvolles Leben ausmacht, auch um die rechte Balance, um den Ausgleich zwischen den unterschiedlichsten Ansprüchen, die auf den einzelnen von allen Seiten her eindringen, um die rechte Haltung, die wir brauchen, damit wir unser Leben gut bestehen. Um die „Schulung" dieser Balance geht es jeden Tag. Und die Einübung in dieses Gleichgewicht ist immer wieder neu unsere Aufgabe.

Reife, Entwicklung hört nie auf. In der Schule unseres Lebens gilt es, das richtige Gleichgewicht zwischen den Polen in uns selber zu finden. Daher sind die 15 kleinen

Kapitel dieser Lebensschule immer so formuliert, dass mit einem bestimmten Aspekt auch der Gegenpol berücksichtigt wird.

Ich weiß mich in dieser Art der Lebensschule dem hl. Benedikt verpflichtet. Er hat in seiner Regel für Mönche geschrieben, dass er eine Schule für den Dienst des Herrn einrichten möchte. „Bei dieser Gründung hoffen wir, nichts Hartes und nichts Schweres festzulegen. Sollte es jedoch aus wohlüberlegtem Grund etwas strenger zugehen, um Fehler zu bessern und die Liebe zu bewahren, dann lass dich nicht sofort von Angst verwirren und fliehe nicht vom Weg des Heils; er kann am Anfang nicht anders sein als eng. Wer aber im klösterlichen Leben und im Glauben fortschreitet, dem wird das Herz weit, und er läuft in unsagbarem Glück der Liebe den Weg der Gebote Gottes." (RB, Prolog 46–49)

Benedikt will seine Mönche die Polarität des Lebens lehren. Durch die Enge kommt der Mönch in die Weite. Benedikt möchte nichts Hartes. Trotzdem fordert er seine Mönche durch eine gewisse Strenge heraus. Es braucht also immer die beiden Pole, um zu einem weisen und reifen Menschen zu werden. Benedikt spricht von der geistlichen Kunst, von einer *ars spiritualis*. Gemeint ist damit: Der Mönch muss in dieser Kunst des gesunden Lebens eine gewisse Fertigkeit erlernen. Dazu braucht es Instrumente und eine Werkstatt. Die Werkstatt ist für Benedikt der Lebensraum seiner Mönche, das Kloster. Die Instrumente sind Weisungen der Bibel und Erkenntnisse der geistlichen Tradition.

Unsere Werkstatt, unser Lernort ist unser Alltag. Und die Lebensschule braucht – wie jede Schule und jedes Lernen – Übung, Askese. In der griechischen Philosophie der Stoa bedeutet Askese Einübung in die Tugend. Askese ist immer auch Einübung in die innere Freiheit. Benedikt meint, dass die Mönche sich am besten in die innere Freiheit und in die Tugend einüben, wenn sie die Werkzeuge der geistlichen Kunst benutzen und dabei in der Werkstatt des Klosters bei einem geistlichen Meister in die Schule gehen.

So möchte ich dich, lieber Leser, liebe Leserin, einladen, im Folgenden bei den Meistern des geistlichen Lebens, die auch meine Lehrer waren und sind, in die Schule zu gehen und die Kunst des gesunden Lebens zu lernen.

1

SEI OFFEN FÜR ALLES, WAS DIR BEGEGNET, ABER FOLGE DEINEM EIGENEN STERN

Lernen ist wie ein Meer ohne Ufer". Dieser Satz stammt von dem chinesischen Weisen Konfuzius. Er spricht von der unermesslichen Offenheit der Wirklichkeit, die uns lebenslang begleitet. Wer lernen will, muss offen sein für alles, was ihm begegnet. Das beginnt sehr früh in der Kindheit und gilt für das ganze Leben. In der Schule ist das Lernen institutionalisiert. Aber eine gute Schule vermittelt nicht nur Stoff und die Lerninhalte verschiedener Fächer. Sie vermittelt vielmehr die Grundfähigkeit zum lebenslangen, selbständigen Lernen und fördert die Voraussetzungen dafür, dass wir uns in unserem Leben zurecht finden, auch wenn wir den schützenden Raum der Institution Schule verlassen. Schon in der Schule geht es ja nicht immer gleich um den Nutzen, den wir unmittelbar aus dem Lernen und einem konkreten Wissen ziehen. Es geht vielmehr darum, sich in viele Bereiche hinein zu arbeiten, um sich im Leben in seiner ganzen Vielfalt auszukennen und sich in seiner Weite zurechtzufinden. Es ist wichtig und gut, wenn man bestimmte Lerntechniken beherrscht. Aber es braucht für wirkliche Lebenstüchtigkeit noch etwas Anderes und etwas ganz Grundsätzliches: eine Haltung der Offenheit und Neugier.

Eine solche Haltung kann auch viel Freude machen. Wenn ich mich an meine eigene Schulzeit erinnere, so war ich einfach interessiert an dem, was die Lehrer erzählten. Schule hat mich nicht abgestoßen oder gelangweilt. Ich wollte möglichst viel wissen. Das Leben war so spannend, so vielfältig und voller Farben. Natürlich gab es Fächer, die mich weniger interessierten. Aber ich bin heute dankbar, dass unsere Lehrer uns offensichtlich für das Leben und für die Welt begeistern konnten. Wir haben uns für die Geschichte interessiert, weil man uns nicht nur Fakten eingebläut hat, sondern weil uns auch die Lust vermittelt wurde, die Gedanken der großen Philosophen und die geistige Welt der Griechen und Römer kennen zu lernen. Mit dieser Offenheit und Neugier ging ich auch ins Kloster und begeisterte mich für die frühen Mönche. Ich war fasziniert von ihrer radikalen Lebensform, von ihrer entschiedenen Askese, auch wenn mir vieles erst einmal unverständlich blieb. Weil sie mich interessierten, wollte ich sie tiefer verstehen. Im Studium der Theologie erschloss sich mir eine geistige und geistliche Welt. Ich wollte nicht nur lernen, um Bescheid zu wissen oder um ein gutes Examen zu machen. Ich wollte hinter das kommen, was in den festgeschriebenen Sätzen stand. Mich interessierte, warum Theologen vergangener Jahrhunderte so und nicht anders gedacht hatten und welche existentielle, soziale und geistige Erfahrung hinter ihren Gedanken stand, was sie im Innersten bewegt hatte. Das war nichts Abstraktes, sondern es hatte mit mir selber und mit meinen eigenen Fragen zu tun.

Nach dem Ersten Weltkrieg gab es gerade unter Jugendlichen eine große Aufbruchstimmung. Als Romano Guardini damals für die Jugend auf Burg Rothenfels Besinnungstage hielt, da scharten sich abends viele Jugendliche um ihn und diskutierten lange mit ihm über die Fragen des Glaubens und des Lebens. Es war damals eine wissbegierige Jugend. Man rang um die wahre Gestalt des Glaubens, um den Sinn des Lebens, um die Grundfragen des Menschen. Heute beklagen sich nicht nur Theologieprofessoren, dass viele Studenten gar nicht diskutieren wollen. Sie wollen nur ihren Stoff für die Prüfung lernen, damit sie dort gut abschneiden. Alles andere scheint sie nicht zu interessieren. Das führt zu einer Einengung des Denkens und des geistigen Horizonts, zu einem Verlust geistiger Lebendigkeit. Es braucht die Offenheit für die Probleme dieser Welt, um für sich selbst den Weg zu erkennen, der für einen stimmt.

Auch Offenheit kann freilich zum Problem werden. Orientierungslosigkeit auf einem offenen Meer kann lebensgefährlich sein. Die Gefahr der Offenheit im Sinne von fehlender Orientierung und Verbindlichkeit in unserem eigenen Leben ist, dass wir jeder Modeströmung nachlaufen. „Nach allen Seiten offen“ sein, das kann auch heißen, dass man Auseinandersetzungen lieber aus dem Weg geht, dass man Festlegung scheut und damit bemäntelt, dass man gar keinen eigenen sicheren und festen Standpunkt hat. Und so sagt man heute mit einiger Berechtigung: „Wer nach allen Seiten offen ist, der ist nicht ganz dicht.“ Bei einem Menschen, der in diesem Sinne „offen“ ist, hat man den Eindruck, es fließt alles aus ihm heraus. Er kann nicht bei sich bleiben. Er findet keinen festen Stand. Wenn wir in diesem Sinn „offen“ sind, heißt das: Wir interessieren uns für alles, aber wir prüfen es nicht. Wir gehen mit den Moden, laufen dem Zeitgeist hinterher und wechseln alle zwei Jahre unsere Meinung und unseren Lebensstil. Wir lassen uns dann auch von geistlichen Meistern, die gerade en vogue sind, vorschreiben, wie wir zu leben haben. Sie sagen dann, was wir zu tun haben, damit unser Leben angeblich gelingt. Heute gibt es sowohl im religiösen wie im psychologischen Bereich ständig neue Strömungen, denen man nachjagt und von denen man das Heil erwartet. Es fehlt oft die persönliche Auseinandersetzung, die eigene, d.h. persönlich verantwortete Klärung. Manche meinen, sie würden etwas versäumen, wenn sie den neuesten Trend des gesunden Lebens verpassen würden. Doch sie hüpfen von einem Gleis zum anderen und kommen doch nicht weiter. Sie bewegen sich ständig und haben doch keine Richtung. Sie sind ziellos.

Der Mystiker Johannes Tauler hat für das Phänomen der geistigen und geistlichen Entwicklung ein schönes Bild gefunden. Er verwendet das Bild von der Schlange, die ihre Haut abstreift. Sie häutet sich also, damit eine neue Haut wachsen kann. Sie sucht zwei eng zusammen liegende Steine und schlängelt sich durch diese Enge hindurch. Auf diese Weise kann sie die alte Haut abstreifen. So müssen auch wir in unserem Leben durch manchen Engpass hindurch. Dann verwandelt sich unser Leben wirklich. Dann werden wir innerlich erneuert. Wenn ich immer wieder auf einen neuen Zug aufspringe, werde ich zwar ständig in Bewegung sein, aber ich werde nie durch den Engpass hindurch kommen, durch den ich Verwandlung erfahren könnte.

Begegnung kann selber das Wunder der Öffnung bewirken. Wenn Menschen – Männer und Frauen, Junge und Alte, Freunde oder Fremde – sich wirklich begegnen, dann öffnet sich ein größerer Horizont, der die Welt mit neuen Augen sehen lässt. Begegnung verändert die Menschen und wirkliche Nähe, die daraus entsteht, gibt ihnen einen größere Weite. Und sie verändert auch die Welt, macht sie heller. Aber ich kann nicht in anderen aufgehen oder mit ihnen verschmelzen. In der Begegnung, wenn sie gelingt, erfahre ich mich auch selber intensiver und besser. Und bei aller Offenheit für das Neue in der Welt und für neue Wege, sei es im geistlichen und psychologischen und medizinischen Bereich, muss ich meiner eigenen Spur folgen. So wie es in meiner persönlichen Entwicklung und meiner Beziehung zu anderen Menschen immer beides braucht, Nähe und Distanz, Sich-Reiben und Sich-Zurückziehen, Verbindlichkeit und Freiraum, Einsamkeit und Gemeinschaft, so ist es auch eine lebenslange Aufgabe, zwischen den beiden Polen die richtige Mitte zu finden: zwischen der Offenheit für alles, was mir begegnet, und der Erkenntnis dessen, was nur für mich entscheidend und für mein Leben wichtig ist.

Ich muss sensibel werden für das, was für mich stimmt. Und ich brauche ein Gefühl für meine Einzigartigkeit. Jeder Mensch ist einmalig. Jeder hat die Aufgabe, in diese Welt seine einmalige Lebensspur einzugraben. Darum geht es letztlich in meinem Leben, in der begrenzten Zeit, die mir zur Verfügung steht. Mit dieser Einsicht gilt es ernst zu machen. Um meine ureigenste Lebensspur zu entdecken, hilft es, mich der Wirklichkeit des Lebens in seiner ganzen Fülle zu öffnen und mich von dem Vielen, was ich außen kennen lerne, anregen zu lassen.

Aber noch wichtiger ist es, dass ich in mich hineinhorche:

- Wo erfahre ich Stimmigkeit?
- Wo fließt bei mir das Leben?
- Wer bin ich selbst?
- Habe ich mich in ein Korsett gezwängt, das andere mir übergestülpt haben mit ihren Erwartungen, die sie an mich richten?
- Was ist das einmalige Bild, das Gott sich von mir gemacht hat?
- Oder was ist das Wort, das Gott nur über mich gesprochen hat und das durch mich in dieser Welt vernehmbar werden soll?

Dies sind die Fragen, die mich auf meine ureigene Lebensspur bringen können. Ich kann auf diese Fragen natürlich nicht gleich mit konkreten Sätzen antworten. Dieses In-sich-Hineinspüren braucht Zeit und Geduld. Es braucht auch Erfahrung, die nicht von einem Tag auf den anderen einfach schon gegeben ist. Aber indem ich mir diese Fragen stelle, komme ich langsam immer mehr mit mir und meiner Einzigartigkeit in Berührung. Ich bekomme ein Gespür für mein unverwechselbares Wesen. Vielleicht formen sich auch Worte, die meine Lebensspur ausdrücken.

Für mich persönlich ist so ein Wort: Weite. Ich möchte mit einem weiten Herzen auch um mich herum Weite und Freiheit ausstrahlen.

Ein anderer hört in sich das Wort: Klarheit. Er sieht seine Lebensspur darin, in sich klar zu sein und um sich herum Klarheit zu schaffen und zur Klärung von Unklarem und Trübem beizutragen.

Wieder andere fühlen sich angesprochen vom Wert der Schönheit. Eine Frau, die ich in Gesprächen auf ihrer Suche nach ihrem eigenen Auftrag im Leben begleiten durfte, spürte in sich dieses Wort: Schönheit. Ihr war es wichtig, um sich herum die Räume schön zu gestalten und es den Kindern, für die sie arbeitete, schön zu machen, ihnen schöne Stunden zu bereiten.

Wir sollen in der Schule des Lebens lernen, was uns begegnet und was die Welt bestimmt, die um uns herum ist. Nur wer seine Umgebung kennt und versteht, kann auch mit ihr kommunizieren und Gemeinschaft erfahren.

Aber wir müssen auch lernen, in uns selbst die Einmaligkeit zu entdecken und dem eigenen Stern zu folgen, der nur über unserem Leben steht. Wenn wir uns zu sehr nach anderen richten, werden wir entweder unzufrieden und enttäuscht, weil wir damit nicht die Wirkung erzielen, die wir möchten. Oder aber wir werden erschöpft. Wir verbrauchen unsere Energie für ein Projekt oder für ein Ziel, das für uns nicht stimmt. Und wir haben dann keine Energie mehr übrig für das eigene Leben und die persönliche Lebensspur. Oft ist die Erschöpfung ein Zeichen dafür, dass wir nicht der eigenen

Lebensspur folgen, sondern uns in eine Form gepresst haben, die für uns nicht stimmt. Und manchmal werden wir auch krank, wenn wir gegen unsere Spur leben.

Dem eigenen Stern folgen und die eigene Lebensspur in diese Welt eingraben, das bedeutet nicht, dass ich etwas Großes oder in den Augen meiner Umgebung Bedeutendes leisten muss. Es geht um etwas anderes: Es geht darum, dass ich mit meinem innersten Wesen in Berührung bin und das in diese Welt hinein ausstrahle. Für den einen ist es die Ausstrahlung von Heiterkeit, von Lebensfreude, für den anderen die Ausstrahlung von Weisheit und Tiefe, von Hoffnung und Zuversicht.

Ich höre immer wieder die Klagen: „Ich kann doch nichts Besonderes. Ich habe keine Bücher geschrieben, kein Projekt ins Leben gerufen, keine äußeren Werke hinterlassen."

Aber jeder von uns steht morgens auf und begegnet anderen Menschen. In jeder Begegnung habe ich eine Ausstrahlung. Es ist meine Aufgabe, diese Aufgabe zu sehen. Es liegt an mir, ob ich den Menschen als zerstreuter, in sich gefangener Mensch, als unzufrieden und mürrisch begegne oder aber als offen, interessiert, freundlich. Es liegt an mir, ob ich mich von anderen abschotte oder ob ich zuhöre, ob ich Milde und Liebe ausstrahle.

Positive Ausstrahlung kann immer, auch unter schwierigen Voraussetzungen, gelingen. Eine depressive Frau meinte einmal im Gespräch mit mir ganz resigniert, sie könne nichts ausstrahlen. Sie hätte an ihrer Depression genug zu leiden. Ich versuchte ihr eine andere Perspektive zu vermitteln: Niemand erwartet von ihr, dass sie Fröhlichkeit oder Optimismus ausstrahlt. Aber es ist ihre Entscheidung, ob sie sich mit ihrer Depression versöhnt. Denn wenn sie sich mit ihrem Leiden versöhnt, wird sie trotz einer oft niederdrückenden Stimmung etwas von Hoffnung und Tiefe ausstrahlen. Man spürt ihr dann an, dass das Leben nicht so einfach ist, dass es eine unergründliche Tiefe hat. In der Begegnung mit einem solchen Menschen erahnen wir etwas vom Geheimnis des Menschseins und von den Abgründen der Seele. Natürlich kann diese Frau die anderen für ihre Depression verantwortlich machen, weil sie sie nicht verstehen oder sie nicht besuchen. Doch dann würde sie Bitterkeit ausstrahlen und für alle zum lebenden Vorwurf werden. Sie hat die Alternative. Die Entscheidung liegt in ihrer Hand.

Für uns alle gilt: Wir können uns unsere ureigene Lebensspur nicht selber aussuchen. Aber wenn wir uns mit unserem Leben aussöhnen und unser einmaliges Leben in seiner Größe und in seiner Schwäche bewusst leben, dann geht von uns eine Spur aus, die auch andere zum Leben einlädt.

Sei in deinem Leben offen für alles.
Aber folge immer deinem Stern.
Lass dich anregen von allem, was dir begegnet.
Geh hinein in das Geheimnis des Lebens.
Suche es mit allen Sinnen.
Versuche die Höhen und Tiefen des Lebens
zu erforschen.

Sei vor allem offen für die vielen Begegnungen,
die du täglich erleben darfst.
Lass dich durch jede Begegnung wandeln.
Wachse immer mehr in deine eigene einmalige Gestalt
hinein durch jeden Menschen, der dir auf deinem
Weg begegnet.
Aber folge dabei immer auch deinem eigenen Weg.

Blicke auf deinen eigenen Stern.
Sei achtsam auf dich selber.
Entwickle ein gutes Gespür
für deine eigene Identität.
Sei achtsam für das,
was dich ganz persönlich ausmacht.
Du bist einmalig und einzigartig.

Grenze dich gut ab,
bevor du dir selbst verloren gehst.
Setze eine Grenze,
wenn deine Energie aus dir heraus fließt.
Halte inne,
wenn deine eigenen Konturen zu verschwimmen
drohen.

Spüre in dich hinein.
Erspüre, was für dich richtig ist.
Lebe nach deiner eigenen Stimmigkeit.
Richte dich nicht nach den anderen.
Lebe so, wie es dir zuinnerst gemäß ist.

Achte immer darauf, was dein Wesen ausmacht.
Du wirst es erkennen,
wenn du im Einklang bist mit dir selbst.
Wenn du in dir einen tiefen Frieden fühlst.
Du wirst es spüren,
wenn dein Leben in dir fließt.

2

LASS DICH EIN AUF DEINE ZEIT, ABER SUCHE DEINEN EIGENEN RHYTHMUS

Leben“, so hat jemand einmal gesagt, „das heißt vor allem: mit der Zeit umgehen.“ Leben heißt nicht nur, Zeit einfach verbringen, sie „herumbringen“. Wir gestalten unser Leben, wir geben ihm Gestalt und Sinn auch dadurch, dass wir bewusst mit unserer Zeit umgehen. Wir sind allerdings nicht nur auf uns selber gestellt und nicht immer Herren unseres eigenen Lebens. Gerade im Arbeitsleben spüren wir das. Wir können uns nicht aussuchen, was wir täglich zu arbeiten haben. Vieles ist uns vorgegeben und nimmt unsere Zeit in Anspruch. Es ist uns in den seltensten Fällen vergönnt, über unsere Zeit frei zu verfügen. Wir müssen uns auf das einlassen, was uns jeder Tag an Anforderungen stellt. Aber es kommt darauf an, wie ich mich auf die Zeit einlasse und mich auf das einstelle, was da auf mich zukommt. Ich kann die Zeit als Gegner ansehen. Dann werde ich ständig mit meiner Zeit kämpfen. Ich werde sie möglichst gut ausnutzen und ich werde versuchen, die Arbeitszeit möglichst schnell hinter mich zu bringen, um mehr Zeit für mich zu haben. Aber auch wenn ich dann Zeit für mich habe, werde ich sie wieder mit vielen neuen Aktivitäten zustopfen.

Die frühen Mönche haben einen anderen Umgang mit Zeit gewählt. Sie haben versucht, in jedem Augenblick ganz gegenwärtig zu sein. Sie haben erkannt: Die Zeit, die wir haben, ist die uns von Gott geschenkte Zeit. Und es ist nicht so wichtig, was wir genau tun. Entscheidend ist, dass wir in jedem Augenblick vor Gott sind. Und ob ich – in diesem Augenblick vor Gott – arbeite oder meditiere, ist nicht entscheidend. Nach der Regel des hl. Benedikt ist es möglich, sogar am Sonntag Mönchen, die nicht fähig sind zu lesen und sich der Meditation zu widmen, Arbeit zuzuteilen. Sie können sich auch auf diese Weise an Gott binden. Wenn ich ganz im Augenblick bin, dann erlebe ich die Zeit nie als eng und begrenzt. Ich bin jetzt in diesem Augenblick. Und dieser Augenblick ist mir geschenkt. Ich versuche, ganz gegenwärtig zu sein. Aber ich setze mich nicht unter Druck. Ich schaue nicht auf die Uhr, um die Tätigkeit in möglichst schneller Zeit hinter mich zu bringen. Manche meinen, wir bräuchten den zeitlichen Druck, um effektiv zu arbeiten. Doch wenn ich frei bin für diesen Augenblick, wird die Arbeit einfach aus mir herausfließen. Ich bin frei vom Druck. Und diese innere Freiheit lässt mich in Wirklichkeit effektiver arbeiten, als wenn ich ständig auf die Uhr sehe und alles möglichst schnell zu erledigen suche. Ganz im Augenblick zu leben, das ist eine wichtige Voraussetzung für das Glück.

Wenn die Zeit nicht mein Gegner ist, sondern mein Freund, dann werde ich die Zeit anders erleben. Ich habe Lust, die Arbeitszeit zu nutzen und mich ganz darauf einzulassen. Dann ist auch die Arbeitszeit meine eigene Zeit. Sie gehört mir. Sie ist nichts mir Fremdes. Es ist die Zeit, in der ich mich auf die Arbeit einstelle und mich ihr hingebe. Ich kann die Arbeitszeit dann genauso genießen wie die Freizeit. Freizeit im heutigen Sinn gab es im frühen Mönchtum nicht. Heute meinen wir, die Freizeit würde uns gehören. Aber in Wirklichkeit sind wir oft Sklaven unserer Freizeit geworden. Weil wir mit der freien Zeit nichts anzufangen wissen, müssen wir sie mit Freizeitaktivitäten zustopfen. Die freie Zeit wird zur Arbeitszeit unter anderen Vorzeichen. Wir sind dann genauso aktiv, nur ist es unsere eigene Aktivität, die wir selbst gewählt haben. Mit Muße hat das nichts zu tun. Die Römer sprachen vom „otium", von der Muße. Für sie ist Muße etwas Besonderes: eine heilige Zeit, die ihnen gehört, die sie genießen. Die heilige Zeit ist die Zeit, die ganz mir gehört. Sie kann von niemandem gestört werden. In dieser heiligen Zeit bin ich ganz bei mir. Da bin ich in Berührung mit mir selbst, mit dem heilen und heiligen Raum in mir.

Jeder braucht in seinem Leben solche Zonen, die ihm heilig sind und die der Verfügung der anderen entzogen sind. Diese Zonen müssen wir schützen. Sie schaffen einen heiligen Raum, der von ständigen entfremdenden Anforderungen, die auf uns einstürmen, befreit ist. Sie schützen für mich einen Wert, den ich mir von keinen anderen Werten streitig machen lasse. In dieser heiligen Zeit vermag ich aufzuatmen, da komme ich in Berührung mit mir selbst und da bin ich in Berührung mit Gott. Da spüre ich, wie ich heil und ganz werde. Die heilige Zeit tut mir gut. Sie heilt meine Wunden. Sie klärt in mir, was sich an Trübem angesammelt hat. Sie hat eine heilende Wirkung, weil wirtschaftliche Interessen hier nicht die Oberhand haben und niemand über uns bestimmen darf. Hier dürfen wir tun, was unserer Seele und unserem Leib gut tut. Von dieser heiligen Zeit her kann ich mich wieder neu auf die Zeit einlassen, die durch die Herausforderungen von außen geprägt ist.

Es gibt die heilige und die profane Zeit. Und es gibt die schnelle und die langsame Zeit. Wenn ich arbeite, soll die Arbeit schnell von der Hand gehen. Das ist Zeichen für eine gesunde Spiritualität, in der ich innerlich nicht gebremst werde durch irgendwelche inneren Blockaden. Und es gibt die langsame Zeit, in der ich bewusst die Zeit verlangsame. Ich gehe bewusst langsam spazieren. Dann gehört jeder Schritt mir. Ich lasse mir Zeit zum Lesen, zum Musikhören, zum Gespräch. Wenn ich lese, lese ich. Wenn ich Musik höre, höre ich Musik. Und wenn ich mit jemandem spreche, ist nichts da, was mich von meinem Gegenüber ablenkt. Da schaue ich nicht auf die Uhr. Da genieße ich die Zeit. Es ist keine verlorene Zeit, sondern geschenkte Zeit. Ich lasse mich ein auf den Augenblick, nehme ihn mit allen Sinnen auf und genieße die Langsamkeit der Zeit, in der etwas Neues in mir reifen kann.

Langsamkeit an sich ist natürlich noch kein Wert. Aber auch Schnelligkeit ist kein Wert an sich. Gerade in einer Zeit, in der der Druck immer mehr zunimmt und die Beschleunigung immer stärker wird, sollte man sich das immer wieder vor Augen halten.

Manches braucht seine Zeit. Hektik und übergroße Eile sind Gift für manche wichtigen Dinge im Leben. Dann müssen wir die Fähigkeit haben zu warten, bis es an der

Zeit ist. Das gilt für die Entwicklung von Kindern genauso wie für Freundschaft zwischen Menschen oder für die Liebe zwischen Mann und Frau. Es gilt aber auch für wichtige Schritte in unserem Leben. Wir müssen manchmal warten, bis die Zeit für eine Entscheidung reif ist.

Die Flucht ins Tempo ist nicht der Weg zum Glück. Und wenn die Forderung lautet: Alles gleichzeitig, alles sofort und jederzeit, dann ist das nicht die Devise für wahres Glück. Es gibt Menschen, die nicht bei einer Sache bleiben können. Sie hören Musik und lesen dabei. Oder sie essen und sehen gleichzeitig fern. Sie reisen und telefonieren dabei. Sie sind irgendwo und doch eigentlich nirgends. Sie sind nie dort, wo sie sich gerade bewegen. Auch die freie Zeit füllen sie mit rastlosen Aktivitäten aus. Sie stopfen ohne Maß in ihre Zeit vieles hinein, was sie gar nicht verdauen könnten. Sie wollen die Zeit überlisten, indem sie immer mehr tun und jede Minute ausnutzen. Doch irgendwann wird, wer so handelt, unfähig, die Zeit überhaupt noch wahrzunehmen und zu genießen. So etwas macht uns weder letztlich zufrieden, noch tut es uns gut. Häufig macht es uns sogar krank, wenn wir die Balance nicht mehr finden. Man könnte das als eine Krankheit der modernen Zeit sehen, die versucht, die Grenzen aufzulösen, die uns durch die Natur vorgegeben sind.

Die Alten haben immer in einem festen Rhythmus gelebt. Der Rhythmus war von der Natur vorgegeben. Die Moderne entdeckt dies wieder. In der Medizin sprechen wir heute von Biorhythmus. Eine angemessene, das heißt, eine uns gemäße und gesunde Weise zu leben, hängt vom Rhythmus der Natur ab, aber auch vom inneren Rhythmus jeder einzelnen Person. Kein Mensch ist wie der andere. Männer sind anders als Frauen. Kinder sind anders als alte Menschen. Ich muss meinen persönlichen Rhythmus entdecken, damit mein Leben Frucht bringt und damit ich mich in der Zeit wohl fühle. Das hat ganz konkrete Auswirkungen und es kann auch nicht genormt werden: Für den einen stimmt der Rhythmus, früh aufzustehen und die Morgenstunden zu nutzen. Für einen anderen stimmt es, später aufzustehen und dafür den Abend als kreative Zeit zu verbringen. Der eine kann fünf Stunden am Stück arbeiten. Der andere braucht alle zwei Stunden eine kurze Unterbrechung. Wir sollten uns nicht irgendeiner normierten Messlatte unterstellen, sondern in uns hineinhorchen, um zu entdecken, welcher Rhythmus uns gemäß ist. Für mich ist es wichtig, früh aufzustehen und den frischen Geist am Morgen für das Meditieren, das Lesen und das Schreiben zu nutzen. Dafür brauche ich am Mittag eine halbe Stunde Mittagsschlaf. In der kurzen Zeit regeneriere ich mich. Abends kann ich nur dann schreiben, wenn ich mich vor der Vesper um 18.00 Uhr nochmals zehn Minuten hingelegt und die Last des Tages abgelegt habe. Aber dann kann ich mich abends nochmals neu auf geistiges Tun einstellen. Aber ich weiß, dass es mir nicht gelingt, wenn ich zu müde bin oder wenn ich keinen Mittagsschlaf hatte. Nur wenn wir uns nicht vergewaltigen, sondern klug mit uns und unserem inneren Rhythmus umgehen, wird unser Leben fruchtbar werden. Wir werden in den kreativen Stunden mehr zu Wege bringen, als wenn wir uns zwingen, eine lange Zeit hindurch ununterbrochen weiterzuarbeiten.

Wir sollten gerade in unserer hektischen Zeit mit ihren immer stärker werdenden äußeren Anforderungen nach dem eigenen Rhythmus suchen. Gerade, wenn wir das Gefühl haben, dass unser Zeit-Takt von außen bestimmt wird, von der Arbeit, von den vielen Verpflichtungen, und gerade weil wir uns nicht einfach aussuchen können, was und wie viel wir zu tun haben, ist das unsere ureigene Aufgabe, bei all den äußeren Anforderungen doch den eigenen Rhythmus zu finden und so zu uns zu kommen.

Mit der Zeit gut umzugehen, ist eine Kunst, die gelernt werden kann. Es ist aber ein Weg zum Glück. Wir erreichen das Glück nicht, indem wir ihm hinterher rennen. Wir erreichen es nicht durch Unruhe und Hektik, sondern indem wir innehalten, in unserem Herzen ruhig werden und es als Geschenk wahrnehmen, das Gott in unser Herz gelegt hat. Glück ist wie ein See: Nur wenn er ganz ruhig ist, spiegelt sich in ihm die Schönheit der Welt. Und wenn wir still stehen, spiegelt sich in uns die Herrlichkeit, die uns umgibt.

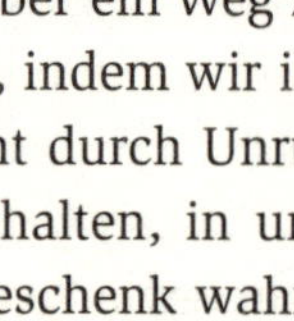

Lass dich ein auf deine Zeit,
aber suche den Rhythmus,
der dir gemäß ist.
Geh gut um mit deiner eigenen Zeit.
Sie ist deine Lebenszeit.
Vieles wird von dir gefordert.
Versuche, es so zu tun,
dass es deinem eigenen Rhythmus entspricht.
Erwartungen anderer
versuchen dich zu bestimmen.

Lass dich nicht von Terminen bestimmen.
Lass den Druck los, der auf dir lastet.
Alles hat seine Zeit.
Konzentriere dich auf den Augenblick.
Er gehört dir.
Lass dir Zeit.
Sieh deine Zeit positiv.

Jammere nicht, dass du keine Zeit hast.
Zeit ist immer geschenkte Zeit.
Begrüße am Morgen den Tag.
Er ist dir heute geschenkt.
Nimm dir immer wieder Zeit für dich selber.
Und geh mit deiner Zeit bedacht um.
Lass sie fließen.
Nimm sie wahr.
und erspüre so ihr Geheimnis.

Nimm die verschiedene Qualität der Zeit wahr:
die langsame Zeit
des Essens und Genießens,
die ruhige Zeit
des Gehens und Meditierens
und die schnelle Zeit,
der raschen und effektiven Arbeit,
in der du Lust daran hast,
dass dir die Arbeit gut von der Hand geht.

Lass die Fixierung los.
Dann wirst du erfahren:
Du hast genügend Zeit.
Es kommt nur darauf an,
wie du sie siehst,
wie du sie ordnest,
wie du mit ihr umgehst.

Die Zeit ist dir geschenkt.
Genieße sie.
Betrachte sie als Freund.
Sie ist ein Engel,
der dich durch deinen Tag begleitet.
Ein Engel, der dich einführt
in das Geheimnis deines Lebens.

3

GESTALTE DIE WELT, ABER GEHE NICHT IN IHR AUF

Niemand ist eine Insel. Wir sind Teil der Welt, in der wir leben. Die Welt, in der wir leben, ist uns aber auch als Aufgabe gestellt und in unsere Verantwortung gegeben. Wir reifen, wenn wir diese Aufgabe ernst nehmen. Aber wir sollen uns auch nicht in ihr verlieren. Immer wieder geht es um die rechte Balance zwischen den Polen: Gebet und Arbeit, Kampf und Kontemplation oder Engagement und Spiritualität, Mystik und Politik. Auch hier geht es um die rechte Beziehung und nicht immer gelingt die Balance. Ken Wilber, der amerikanische Philosoph und Autor zahlreicher spiritueller Bücher, meint, die spirituelle Szene der letzten zwanzig Jahre in den USA sei in der Gefahr gestanden, eine einzige narzisstische Regression zu sein. Da sei es immer nur um das Sich-Wohlfühlen gegangen. Aber von einer solchen Spiritualität, die von allem anderen absieht und nur sich selber im Blick hat, geht keine Kraft für unsere Welt aus. Die Menschen, die sich einer so verstandenen Spiritualität widmen, kreisen nur um sich und ihr eigenes Wohlergehen, um ihre eigenen inneren Erfahrungen. Aber sie haben keine Energie, diese Welt zu gestalten. Wer nur auf sich hört, hat keine Chance, jene leise Stimme zu hören, die mich weglockt vom Kreisen um das eigene Leben. Wer sich nur an seinen Erfahrungen festklammert, der kann auch nicht loslassen, der ist nicht frei, sich auf die Welt und ihre Probleme einzulassen. Die Welt stört ihn nur in seiner Beschäftigung mit sich selbst. Nur wer sein Ego überwindet und mit seinem inneren Grund in Berührung kommt, wird echte Freiheit erfahren. Und aus dieser Freiheit heraus sich auch einlassen können auf die Welt.

Das Christentum als Religion der Inkarnation hat sich immer auch in diese Welt eingelassen. Sie hat diese Welt mitgestaltet. Zwar hat Paulus immer darauf hingewiesen, dass die Gestalt dieser Welt vergeht. Eine solche Einsicht führt dazu, dass unser Wirken in dieser Welt immer unter einem Vorbehalt steht. Wir können nicht davon ausgehen, dass das, was wir schaffen, ewig bleibt. Aber trotzdem ist es unsere Aufgabe, an der Gestaltung dieser Welt mitzuarbeiten. Wir können uns nicht der Verantwortung für unsere Welt entheben.

Selbst die Mönche, die ja aus der Welt ausgezogen sind, haben diese Welt mitgestaltet. Das galt sogar für die Einsiedler in der ägyptischen Wüste. Sie zogen bewusst in die Wüste, die damals als der Herrschaftsbereich der Dämonen galt. Sie hatten den Ehrgeiz, am dunkelsten Ort der Welt ihre Leidenschaften und die Dämonen zu besiegen. Und sie glaubten, dass dadurch die ganze Welt heller und friedlicher würde. Ihr Wirken blieb den Menschen in der weiten Welt nicht verborgen. Aus Rom und Athen pilgerten die Leute zu den Einsiedlern, damit sie im Gespräch mit ihnen Weisung für ihr eigenes Leben bekamen. Von den Mönchen, die so ganz anders lebten, ging etwas aus, das die Welt veränderte, das die engen Strukturen der damaligen Gesellschaft aufbrach für etwas Neues.

Die große Tradition der Benediktiner hat diese Welt ganz ausdrücklich geformt. Diese Mönche haben gerade durch die Verbindung von Gebet und Arbeit, von Ora et Labora, die Kultur des Abendlandes weitgehend geprägt. Sie haben nicht nur den Gottesdienst gefeiert, sondern auch die Felder gerodet, Handwerksschulen gegründet, die Texte der Antike abgeschrieben und in ihren Schulen weiter überliefert. Ohne die Klöster würde unsere Landschaft, würde unsere ganze Kultur anders aussehen. Viele Kunstwerke entstanden in den Klöstern und für sie. Die Klöster haben eine eigene Kultur der Landwirtschaft und des Bauens und Handwerkens geschaffen. Und sie haben die Liturgie wesentlich mitgeprägt. Die Benediktiner blieben an einem Ort. Sie gelobten stabilitas, Standfestigkeit, Bleiben in der Gemeinschaft. Und oft wurde dieses Bleiben auch als Bleiben am gleichen Ort verstanden. Das hat dazu geführt, dass sie diesen Ort kultiviert haben, aber zugleich so gestaltet haben, dass nachkommende Generationen dort gerne und gut leben konnten. In ihrem Impuls, der Weltgestaltung und Weltdistanz verbindet, steckt etwas, was auch heute noch wichtig ist.

Für die Mönche war das Entscheidende, dass sie in der Welt leben, aber nicht von der Welt sind. Im Johannesevangelium spricht Jesus davon, dass seine Jünger in der Welt sind. Die Welt hasst sie, „weil sie nicht von der Welt sind, wie auch ich nicht von der Welt bin". (Joh 17,14) Sie sind nicht von dieser Welt. Trotzdem hat Jesus sie in die Welt gesandt: „Wie du mich gesandt hast, so habe auch ich sie in die Welt gesandt. Und ich heilige mich für sie, damit auch sie in der Wahrheit geheiligt sind." (Joh 17,18f) Wir sind in der Welt, aber nicht von der Welt. Doch wir haben einen Auftrag in der Welt und für die Welt. Weil wir nicht von der Welt sind, können wir freier mit ihr umgehen. Wir identifizieren uns nicht mit der Welt. Daher hängt unser Selbstwertgefühl nicht vom Gelingen unseres Weltauftrages ab.

Als ich vor Jahren noch Kurse für Zivildienstleistende hielt, erzählte mir einer, der sich als Atheist bezeichnet hatte, er würde sich überall für Umweltschutz einsetzen, weil ihm das wichtig sei. Aber er selbst werde immer unzufriedener und unleidlicher. Er könne sich selbst kaum mehr aushalten und sich den anderen nicht mehr zumuten. Er spürte, dass da etwas nicht stimmte. Im Gespräch wurde ihm klar, dass er in der Welt aufging. Er identifizierte sich mit seinem Einsatz so sehr, dass jede Enttäuschung ihn völlig aus der Bahn warf. Er ahnte, was es bedeuten könnte, einen Standpunkt außerhalb der Welt zu haben. Und er spürte: Mit einer solchen Haltung, die ihm eine größere Gelassenheit ermöglichen würde, könnte er gleichzeitig engagierter für den Umweltschutz und für den Frieden kämpfen, ohne es als persönliche Niederlage zu sehen, wenn sein Einsatz nicht sofort von Erfolg gekrönt wäre.

Gelassenheit ist also eine Tugend, die mit der Bereitschaft, sich auf die Wirklichkeit, so wie sie ist, einzulassen, durchaus zusammenpasst. Sie ist das Gegenteil einer Abkehr von der Welt, der der Gang der Dinge und das Schicksal der Menschen gleichgültig sind und die sich von der Not der anderen nicht berühren lässt. Diese Gelassenheit ist auch das Gegenteil von verbissener Leidenschaft, die in Gefahr steht, in Fanatismus und Gewalttätigkeit umzuschlagen. Auch wenn Gelassenheit bedeutet, loslassen zu können und an Zielen nicht festzuhalten, wenn sie sich als unerreichbar herausstellen, heißt das nicht, dass damit auch die Sehnsucht stirbt und der Traum von einer besseren Welt einfach ausgeträumt ist.

Ich selber sehe es als meine Aufgabe an, mich für diese Welt zu engagieren. Allerdings habe ich mich von der Illusion verabschiedet, dass ich die ganze Welt verändern könnte. Ich kann mich nur in einigen Bereichen engagieren und versuchen, den Traum einer menschlicheren Welt lebendig zu halten. Mir ist es wichtig, Menschen, die auf der Suche nach einer gesunden Spiritualität sind, eine Hilfe zu bieten, ihren Alltag aus dem Glauben heraus zu bewältigen. Und es ist mir ein Anliegen, Menschen, die in beruflicher Verantwortung stehen, darin zu unterstützen, dass sie neue Wege des Führens gehen, dass sie mit Werten führen, dass sie mit ihrer Führungsaufgabe in den Menschen Leben wecken. Aber ich sehe immer auch die Grenze meiner Wirksamkeit.

Wir sollten also etwas tun für die Welt, aber wir sollten darin nicht aufgehen. Das Eigentliche ist etwas anderes: Der eigentliche Weg ist für mich ein spiritueller Weg. Es ist der Weg der immer größeren Durchlässigkeit für Jesus Christus, der Weg der Meditation und Stille, auf dem ich offen werde für das unbegreifliche Geheimnis Gottes. Kontemplation ist für mich nämlich nicht eine Alternative zum Engagement für eine gesündere und friedlichere Welt. Sie ist schon ein Weg der Heilung. Denn wenn wir spüren, dass die eigentliche Wirklichkeit tiefer liegt, werden wir freier auch in unserem Handeln. In der Meditation und der Kontemplation können wir eintauchen in einen Raum der Stille, in dem alles schon heil und ganz ist, in dem wir einen tiefen Frieden spüren, mitten in allem Unfrieden und aller Krankheit, die unsere Welt bestimmt. Und aus diesem Frieden heraus werden wir auch die Kraft schöpfen, die Welt zum Besseren zu gestalten.

Stelle dir vor: Du gehst zur Arbeit, du bist engagiert bei einem wichtigen Projekt in deiner Firma. Du arbeitest in der politischen Gemeinde oder in der Pfarrgemeinde mit und übernimmst Verantwortung. Aber bei allem, was du tust, stelle dir auch vor: In mir gibt es etwas, was von dieser Arbeit nicht berührt wird. Manchmal schaue ich den Dingen, die auf mich zukommen, zu – wie in einem Theater. Ich beobachte, was um mich geschieht. Ich bin wie ein Regisseur, der das Spiel laufen lässt und nur dort eingreift, wo es in die falsche Richtung geht. Vielleicht denkst du, das wäre verantwortungslos. Aber ich erlebe diese Art als energiesparend. Ich gehe nicht auf im Ärger über die Probleme. Ich lasse mir die Energie nicht von den Konflikten rauben. Ich bin außerhalb der Konflikte. So kann ich gut und mit innerer Freiheit darauf reagieren.

Gestalte die Welt,
aber gehe nicht in ihr auf.

Überlege dir:
Wo gestaltest du diese Welt?
Wo engagierst du dich?
Wo ist dir schon einiges gelungen?

Und dann stell dir vor:
Wie sieht dein Engagement aus,
wenn du zwar in der Welt,
aber nicht von der Welt bist?
Wenn du alles, was du tust und was
an dich herangetragen wird, wie von außen,
wie in einem Theater anschaust?

Vielleicht denkst du, das wäre Flucht.
Dann stell dir vor:
Du bist ein Theaterregisseur.
Du lässt dir von anderen
nicht die Spielregeln aufzwingen.
Du schaust zu und entscheidest selbst,
wann du ins Spiel eingreifst.
Du hast inneren Abstand zu den vielen Spielen,
die um dich herum gespielt werden.
Du lässt dich nicht in jedes Spiel hinein drängen.
Du bist frei.
Nur dann kannst du das Spiel so gestalten,
dass es für dich stimmt.

Du kannst dir noch etwas anderes vorstellen:
Du sitzt ganz im Einklang mit dir.
Du spürst dich und hast das Gefühl:
Du bist ganz in deiner Mitte.

Dann stell dir vor:
Du gehst an deine Arbeit.
Was würdest du zuerst anpacken?
Wie würdest du die Dinge in die Hand nehmen?
Wie würdest du auf Konflikte reagieren?

Du wirst erleben, dass du viel ruhiger bist.
Dass du viel klarer deine Arbeit tun würdest.
Das würde sie effektiver werden lassen.
Du würdest die Welt dann wirklich mitgestalten
anstatt dich von dem Druck auffressen zu lassen.

Wenn du bei dir bist,
mit deiner Mitte in Berührung,
in gutem Abstand zu dem,
was um dich herum passiert,
dann hast du einen größeren Überblick,
dann hast du auch größere Unabhängigkeit und Freiheit.
Dein Engagement für die Welt
wird mehr Segen bringen.
Du wirst neue Ideen entwickeln.
Und du selbst bleibst dabei gelassen.
Du reibst dich nicht auf.
Und du hast genügend Energie,
die Probleme anzupacken und zu lösen.

4

SUCHE INNERE STÄRKE, DIE IN DER HINGABE LIEGT UND NICHT IM EGO

Lass dich nicht leben. Lebe! Lass dich nicht von außen fremd bestimmen und beeinflussen. Sei du selber! Sei von innen her authentisch und versuche immer stärker der zu werden, der du bist: Das ist das Ziel eines jeden Lebens. Es ist auch das Ziel des geistlichen Wegs. Auch hier geht es darum, zu mehr Selbstvertrauen und zu stärkerem Selbstwertgefühl zu gelangen. Viele sehen darin einen Widerspruch und meinen, Selbstverwirklichung stehe im Gegensatz zum christlichen Weg der Selbstverleugnung. Doch das stimmt nicht. Es geht nicht darum, sein Ego ins Zentrum zu stellen und es auf Kosten anderer zu verwirklichen. Im Gegenteil: Wir sollten zu unserem wahren Selbst gelangen, zu dem einmaligen Bild, das Gott sich von uns gemacht hat. Und wir sollten an unserem Selbstvertrauen arbeiten. Das eine schließt das andere nicht aus. Wenn ich auf Gott vertraue, wächst auch mein Selbstvertrauen. Wenn ich in ihm festen Grund verspüre, dann bin ich sicherer. Wirkliche Sicherheit und wirkliche innere Stärke hängt nicht davon ab, dass ich nach außen stark auftrete. Sie hängt davon ab, ob ich mich getragen weiß und mich so annehme, wie ich bin. Das verleiht ein Selbstvertrauen, das auch durch Missgeschicke nicht zerstört werden kann. Denn es liegt tiefer als nach außen zur Schau getragene Sicherheit.

Selbstverwirklichung meint also jene innere Stärke, die das eigene Leben leben kann und nicht von anderen gelebt werden muss oder andere kopieren will.

Selbstverleugnung meint nicht das Gegenteil davon, sondern beschreibt eine Ergänzung dazu. Ich soll nicht ständig um mein Ich kreisen. Das Ego will ständig imponieren. Es definiert sich nur von der äußeren Wirkung her oder von den eigenen Bedürfnissen her: *Ich* will jetzt das. *Ich* habe keine Lust.

Es geht darum, vom Ich zum Selbst zu gelangen. Das Selbst ist der innerste Person-Kern, unser wahres Wesen. Der Weg zu diesem Selbst führt darüber, dass wir Abstand gewinnen zum Ego.

Das griechische Wort für Selbstverleugnung „aparneisthai" heißt eigentlich: Widerstand leisten gegen die Tendenzen des Ego, alles für sich zu vereinnahmen. „Nein" sagen zum Ego. Distanz zum Ego finden, frei werden von der alles bestimmenden Herrschaft des Ego, um so mehr mit dem Selbst in Berührung zu kommen.

Zu einem gesunden Leben gehört es, dass das Leben in uns fließt. Es fließt aber nur, wenn wir uns hingeben, wenn wir uns auf Menschen einlassen und auf die Arbeit, wenn wir Freude daran haben, uns zu engagieren.

Viele, die zu sehr auf ihre eigenen Grenzen bedacht sind, entdecken nie die Kraft, die in ihnen steckt. Aus Angst, sie könnten sich einmal überfordern, schöpfen sie das

Potenzial nicht aus, das Gott ihnen geschenkt hat. Doch zugleich sind sie oft unglücklich, weil keiner sich für sie interessiert oder keiner sie fragt, wenn es um eine reizvolle Aufgabe geht. Sie verbreiten um sich eine Ausstrahlung, dass überhaupt keiner auf die Idee kommt, sie um einen Gefallen zu bitten. Wenn ich mit solchen Menschen spreche, ist es meistens die Angst vor Hingabe, die sie umtreibt. Sie haben Angst, sich selbst nicht mehr in der Hand zu haben, über sich selbst nicht mehr bestimmen zu können. Diese Angst ist sicher berechtigt. Es gibt auch Menschen, denen es schwer fällt, Grenzen einzuhalten, oder die sich in der Arbeit oder in ihrem Engagement verlieren. Es braucht auch hier beide Pole: den Pol des Sich-Abgrenzens und den Pol der Hingabe. Es braucht einen guten Ausgleich von Grenze und Grenzüberschreitung, von Schutz und Sich-Öffnen, von Sich-Abgrenzen und Sich-Hingeben. Ich muss um meine Grenze wissen. Aber ich muss sie immer wieder überschreiten, um auf den anderen zuzugehen und ihm zu begegnen, ihn in der Begegnung zu berühren und darin möglicherweise einen Augenblick von Eins-Werden zu erfahren.

Wenn wir einen Pol einseitig betonen, geraten wir aus dem Gleichgewicht. Wenn der Pol der Grenze zu stark forciert wird, dann wird unser Leben immer enger. Wenn wir uns nur hingeben, dann sind wir in Gefahr, uns von jedem zur Hingabe verführen zu lassen und auf diese Weise uns selbst zu verlieren oder zu zerfließen. Wir brauchen ein gutes Gespür dafür, wo die Hingabe angebracht ist. Aber dort, wo wir uns hingeben, dürfen wir nicht ängstlich die Stunden zählen oder die Energie, die wir einsetzen. Wenn wir in der Hingabe aus der inneren Quelle des Heiligen Geistes schöpfen, dann werden wir nicht erschöpft werden. Und die Hingabe wird uns selbst zum Geschenk. Wenn wir spüren, dass das Leben fließt, ist das ein gutes Gefühl. Es macht uns glücklich.

In der Feldrede bei Lukas sagt Jesus: „Wenn ihr nur die liebt, die euch lieben, welchen Dank erwartet ihr dafür? Auch die Sünder lieben die, von denen sie geliebt werden. Und wenn ihr nur denen Gutes tut, die euch Gutes tun, welchen Dank erwartet ihr dafür? Das tun auch die Sünder. Und wenn ihr nur denen etwas leiht, von denen ihr es zurückzubekommen hofft, welchen Dank erwartet ihr dafür? Auch die Sünder leihen Sündern in der Hoffnung, alles zurückzubekommen. Ihr aber sollt eure Feinde lieben und sollt Gutes tun und leihen, auch wo ihr nichts dafür erhoffen könnt. Dann wird euer Lohn groß sein, und ihr werdet Söhne des Höchsten sein; denn auch er ist gütig gegen die Undankbaren und Bösen." (Lk 6,32–35)

Was will diese Stelle sagen? Wenn wir nur aus Berechnung geben, dann werden wir keinen Dank erhalten. Im Griechischen steht hier „charis", das nicht nur Dank heißt, sondern auch Freude und Gnade. Wenn wir uns nur aus Berechnung hingeben, damit wir genauso viel wieder bekommen, entsteht daraus weder Freude noch Gnade. Wir werden von so einem Verhalten nicht beschenkt. Es ist alles nur Berechnung. Wenn wir uns jedoch hingeben, ohne nach dem Lohn zu fragen, dann fließt unser Leben. Und schon in diesem Fließen besteht der Lohn. Das Leben selbst wird unser Lohn sein.

Jesus interpretiert diesen Lohn nochmals anders: Wir werden Söhne und Töchter des Höchsten sein. Wir werden Anteil an Gott haben. Durch so ein Verhalten werden wir göttliches Leben in uns spüren. Und dieses göttliche Leben ist unerschöpflich. Wir fühlen uns in Gott hineinversetzt. Es gibt keine Erfahrung, die unser Leben mehr bereichern könnte.

Ich erlebe Menschen, die aus Angst, sie könnten sich hingeben und sich in der Hingabe möglicherweise selbst verlieren, todunglücklich werden. Sie kreisen immer nur um sich und ihr Wohlergehen. Aber ihnen wird das Leben selber zu Last. Schon das Aufstehen am Morgen ist anstrengend. Sie haben keine Motivation für den Tag. Nur für sich selbst zu sorgen, ist keine ausreichende Motivation, den Morgen mit Schwung zu beginnen. Wenn ich jedoch spüre, dass es sich lohnt, sich auf die Arbeit, auf die Menschen einzulassen, sich hinzugeben, dann wird das Leben fruchtbar. Es wird fließen. Und in diesem Fließen werde ich mich lebendig fühlen und vielleicht manchmal auch glücklich. Ich werde frei von meinem Ego mit seinem ängstlichen Um-sich-Kreisen. Erst diese Freiheit vom Ego bringt mich wirklich in Berührung mit meinem wahren Selbst und mit einem erfüllten und glücklichen Leben.

Suche innere Stärke.
Sie liegt in der Hingabe und nicht im Ego.
Finde die richtige Balance
zwischen der Hingabe und dem eigenen Ich,
zwischen Sich-Bewahren und Sich-Abgrenzen.
Es ist nicht immer einfach.
Aber es tut gut, nach dieser Balance zu suchen.

Achte gut auf deine Gefühle,
damit du für dich die richtige Balance entdeckst.

Spüre in dich hinein.
Wie wirkt sich Hingabe auf dich selber aus?
Es ist gut, wenn du dich in der Hingabe lebendig fühlst.

Wenn du dich aber ausgenutzt fühlst,
wenn du Bitterkeit in dir spürst,
dann ist auch das ein wichtiger Hinweis:
Es ist gut, dass du dich besser abgrenzt.

Wichtig ist, dass du dich frei fühlst.
Vielleicht ist dir Hingabe zur bloßen Pflicht geworden?
Dann wird die Hingabe zum Zwang.
Und du verlierst deine Mitte.

Vielleicht ist dir die Abgrenzung
zum Bedürfnis geworden?
Spüre in dich hinein
und versuche herauszufinden,
wie deine Abgrenzung sich auf dich selber auswirkt.

Frage dich:
Schenkt diese Abgrenzung dir inneren Frieden?
Oder wird dein Leben dadurch unfruchtbar?

Spüre in dich hinein:
Entscheidend ist, dass dein Leben fließt.
Immer wenn es strömt und wenn du dabei mit dir
im Einklang bist, darfst du vertrauen,
dass du das richtige Gleichgewicht zwischen Abgrenzen
und Hingeben gefunden hast.

Spüre in dich hinein und achte darauf:
Schöpfst du aus der inneren Quelle
des göttlichen Geistes?
Oder schöpfst du aus deinem eigenen Reservoir
von Kraft und Liebe?

Du wirst spüren:
Wenn du aus der göttlichen Quelle schöpfst,
dann wird es aus dir herausströmen,
ohne dich zu erschöpfen.
Denn die göttliche Quelle ist unerschöpflich.

5

ÜBERNIMM SELBST VERANTWORTUNG UND FÖRDERE DIE LEBENSMÖGLICHKEITEN ANDERER

Der amerikanische Präsident John F. Kennedy hat an die Jugendlichen seines Landes einmal den Satz gerichtet: „Fragt nicht, was euer Land für euch tun kann. Fragt euch, was ihr für euer Land tun könnt." Es gibt immer mehr Menschen, die eine solche Haltung der Verantwortung auch bei uns einfordern. Pascal Bruckner, ein französischer Philosoph, hat als Grundhaltung unserer gegenwärtigen Gesellschaft die wachsende Infantilisierung beschrieben, die gerade darin besteht, dass Verantwortung nicht übernommen wird. Man hat nur Wünsche an die Gesellschaft, an die Kirche, an die Firma, an die Familie. Aber man ist nicht bereit, Verantwortung zu übernehmen, weder für sein eigenes Leben noch für andere oder das Gemeinwohl. Das Kind übernimmt noch keine Verantwortung. Es tritt ins Leben mit dem Wunsch, versorgt und geliebt zu werden. Wenn das Kind erwachsen wird, dann ist es für sich selbst verantwortlich. Es ist frei. Aber zu dieser Freiheit gehört es auch, Verantwortung für sich selbst und für alles, was man tut, zu tragen. Wer für sich selbst verantwortlich einsteht, der ist auch bereit, in der Gesellschaft Verantwortung wahrzunehmen, etwa als Vater oder Mutter in der Familie oder in einem Verein, in der Firma, in der Politik.

Soziologen stellen fest, dass die Bereitschaft zur Verantwortung in unserer Gesellschaft nachlässt. Ein Bauunternehmer erzählte mir, er tue sich schon schwer, einen Maurer dazu zu bewegen, Polier zu werden. Viele sagen: Ich habe keine Lust, mir Ärger einzuhandeln. Lieber verdiene ich weniger, als mich mit den Mitarbeitern herumzustreiten. Wer Verantwortung übernimmt, bietet natürlich immer auch Angriffsflächen. Wer von einem etwas verlangt, erfährt oft genug Widerstand oder Kritik. Und manchmal wird der Verantwortliche auch zum Sündenbock. Man projiziert auf ihn alle Probleme, die man selber hat oder die im Verein oder in der Firma auftreten. Es ist immer leicht, die Probleme einem anderen aufzuladen. Und dazu eignet sich der Chef am besten. Dann haben alle das Gefühl, sie hätten Recht. Der Chef sei schuld, dass es so schlecht läuft. Vor dieser Erfahrung wollen sich die schützen, die Verantwortung ablehnen. Sie wollen ihre Ruhe haben. Aber oft genug sind sie dann neidisch auf die, die die Verantwortung tragen. Sie begegnen ihnen dann mit überzogenen Forderungen. Sie erwarten vom Chef Übermenschliches. Weil sie selbst nicht bereit waren, die Verantwortung zu übernehmen, übertragen sie ihre Unzufriedenheit mit sich selbst auf den Chef. Der ist dann für alles verantwortlich. Er müsste rund um die Uhr arbeiten und für alles ein Auge haben. Unbewusst rechtfertigen sich manche mit solchen Erwartungen an den Chef dafür, dass sie selbst gekniffen haben.

Die erste Aufgabe, die uns das Erwachsenwerden stellt, besteht darin, die Verantwortung für uns selbst zu übernehmen. Auch da gibt es Menschen, die dazu nicht bereit sind. Sie klagen ihr Leben lang die Eltern an. Die Eltern sind schuld, dass aus ihnen nichts geworden ist. Sie leben mit dem beständigen Vorwurf an die Eltern. Der Vorwurf bewahrt sie davor, ihr Leben selbst in die Hand zu nehmen. Sie sind nicht bereit, zu kämpfen. Sie haben Angst vor den Folgen des Kampfes, vor den schmerzhaften Erfahrungen, die sie erwarten. Wer kämpft, wird auch verletzt. Wenn ich versuche, mein Leben selbst zu gestalten, werde ich immer auch an meine Grenzen kommen. Manches wird mir nicht so gelingen, wie ich mir das erhofft habe. Aber wenn ich, anstatt geduldig an mir weiter zu arbeiten, lieber meinen Eltern vorwerfe, dass sie daran schuld sind, wenn mein Leben nicht gelingt, wenn ich also in der Vorwurfshaltung verharre, werde ich nie erwachsen. Wer das tut, wird sein Leben lang im Schmollwinkel sitzen bleiben und andere anklagen, dass sie ihm das Leben beeinträchtigt haben.

Natürlich gibt es Menschen, die in der Kindheit sehr verletzt worden sind. Und es ist nicht immer einfach, trotzdem sein Leben zu gestalten. Hildegard von Bingen sagt: „Die Kunst der Menschwerdung besteht darin, die Wunden in Perlen zu verwandeln." Wenn ich mich annehme mit meinen Wunden, dann können sie sich wandeln. Dann werde ich spüren, dass ich dort, wo ich verletzt bin, auch besonders sensibel bin für andere. Ich kann andere besser verstehen. Und ich entwickle in mir Fähigkeiten, ähnlich verletzte Menschen zu begleiten und zu fördern.

Die zweite Aufgabe wäre, Verantwortung in den Bereichen zu übernehmen, in die ich gestellt bin. Für den einen ist es die Verantwortung, als Vater oder Mutter für die Familie und für die Kinder zu sorgen und für sie einzustehen. Andere übernehmen in Betrieben Verantwortung. Es gibt in den Firmen niemanden, der nur auf andere zu hören hat. Jeder ist für seinen Bereich der Arbeit verantwortlich. Für mich bedeutet das, dass ich selbst überlege, was ich verbessern kann, dass ich das Beste aus meiner Arbeit mache. Wenn ich in meinem Leben nur gemacht hätte, was andere mir gesagt haben, wäre mein Leben nie fruchtbar geworden. Ich habe mir etwa die Arbeit in der Verwaltung nicht selbst ausgesucht, sondern auf einen Ruf des Abtes geantwortet. Und die Antwort ist mir am Anfang nicht leicht gefallen. Aber als ich „ja“ gesagt hatte, habe ich auch versucht, als Cellerar neue Wege zu gehen, nicht nur in der Zusammenarbeit, sondern auch in der Art, wie ich die vielen Aufgaben der Abtei finanziere. Ich habe mich mit allen Kräften eingesetzt, dass die Menschen gerne bei uns arbeiten und dass unsere Arbeit den Menschen dient. Wenn ich mei ne Aufgabe nur im Gehorsam erledigt hätte, wäre ich nicht glücklich geworden. Aber weil ich mich auf die Arbeit eingelassen habe, macht sie mir auch Spaß und schenkt mir Befriedigung.

Für mich gehört zu einem sinnvollen und geglückten Leben, dass jemand sein Leben selbst in die Hand nimmt und versucht, es so zu gestalten, dass es Frucht bringt. Wer Verantwortung übernimmt und etwas tut, weil er spürt, dass es notwendig und richtig ist, wird mehr Lust empfinden an dem was er tut, als der, der sich von außen mit einer Aufgabe betrauen lässt. Er wird nicht Last empfinden, sondern sehr viel geschenkt bekommen. Natürlich weiß ich, dass die Bereitschaft, Verantwortung zu übernehmen, auch eine Falle sein kann. Ich kann mich auch überfordern. Ich kenne Menschen, die überall, wo sie sind, Verantwortung übernehmen und sich selbst dabei überheben. Oft sind es die ältesten Geschwister, die von den Eltern schon früh dazu gedrängt wurden, für ihre jüngeren Geschwister verantwortlich zu sein. Sie haben dann oft später kein richtiges Gefühl dafür, wo ihre Verantwortung wirklich gefragt ist. Sie übernehmen oft zu schnell Verantwortung für ihre Umgebung. Deshalb braucht es den anderen Pol: Grenzen zu setzen, sein eigenes Maß zu finden.

Verantwortung zu übernehmen heißt für mich immer auch, eine Antwort auf die Fragen und Sehnsüchte der Menschen zu geben. Was brauchen die Menschen heute? In der Kirche? Am Arbeitsplatz? Was sind die Sehnsüchte der Jugendlichen und wie kann ich ihnen antworten? Antwort auf die Bedürfnisse der Menschen zu geben heißt für mich nicht, alle ihre Bedürfnisse zu befriedigen, sondern ihre Lebensmöglichkeiten zu fördern. Was tut den Menschen wirklich gut? Manchmal sind ihre Wünsche auch nur vordergründig. Ich muss mich in sie hineinversetzen und mir überlegen, was sie wirklich brauchen, damit ihr Leben gelingt, damit ihre tiefste Sehnsucht angesprochen wird.

Als Cellerar ist es mir wichtig, in den Mitarbeitern Leben zu wecken, ihre Begabung zu fördern, ihnen einen Raum zu gewähren, in dem sie neue Ideen verwirklichen können und selber Lust finden, Verantwortung für ihren Bereich zu übernehmen und ihn so zu gestalten, dass er effektiv wird, aber auch den Mitarbeitern Freude macht, dort zu arbeiten. Da ist vor allem Vertrauen wichtig und das Gespür für die Möglichkeiten, die in jedem einzelnen liegen.

Als Seelsorger versuche ich, auf die Sehnsucht der Menschen zu antworten, indem ich zuerst einmal die eigene Sehnsucht wahrnehme und mich frage: Was erfüllt denn meine Sehnsucht? Welche Antwort kann ich mir selbst auf meine Fragen geben? Befriedigt mich diese Antwort wirklich oder ist sie nur ausgedacht? Klingt sie nur schön, hilft mir aber nicht wirklich weiter? Und dann versuche ich, mich in die anderen hinein zu fühlen. Ich beobachte die Menschen, höre hin, was sie mir erzählen. Ich versuche, die Sehnsucht hinter ihren Worten zu erspüren. Und dann stelle ich mir vor, wie ich diesem Menschen so antworten kann, dass er es versteht und dass er es annehmen und davon leben kann. Dabei spüre ich immer auch meine Begrenztheit. Ich habe nie das Gefühl, die wirklich treffende Antwort gefunden zu haben. Es ist ein ständiges Ringen um die Worte, die das Herz berühren und es aufschließen für Gott, der ihre tiefste Sehnsucht allein zu stillen vermag.

Die Verantwortung, die ich in der Seelsorge für andere übernehme, ist für mich keine Last, sondern sie hält mich lebendig. Ich nehme allerdings den anderen ihre Last nicht ab. Verantwortung heißt nicht, dass ich dafür zuständig bin, dass es dem anderen gut geht. Dafür muss er selbst sorgen. Ich kann ihn nur begleiten und mit ihm nach einem Weg Ausschau halten, auf dem er weitergehen kann. Aber gehen muss er schon selbst. Da erlebe ich auch immer wieder, dass Menschen ins Gespräch kommen und mir die Verantwortung dafür zuschieben möchten, dass es ihnen besser geht. Sie sind nicht bereit, selbst für sich Verantwortung zu übernehmen und an sich zu arbeiten. Das ist eine Falle, in die ich früher oft getappt bin. Inzwischen regt sich in mir dann Ärger. Und der hält mich ab, in diese Falle zu geraten. Das Hören auf die Fragen und Nöte des anderen hält mich selbst lebendig, weil es mich zwingt, mich selbst immer wieder zu fragen: Wie gehst du denn um mit diesem Problem, mit diesem Bedürfnis? Was hilft dir wirklich? Tust du auch das, was du einem Anderen rätst? Und manchmal darf ich dann die beglückende Erfahrung machen, dass im Anderen Leben geweckt wird, dass er einen Weg für sich findet, der ihn in eine größere Freiheit und Liebe und Lebendigkeit hineinführt. Dann kann ich ihn mit gutem Gewissen selbst gehen lassen. Nur wenn er ins Stocken gerät, kann ich ihn wieder ermutigen, auf seinem Weg weiter zu wanderen. Denn darin sollte der Sinn jeder Beziehung bestehen: im anderen Menschen, der mir begegnet oder der mir anvertraut ist, Leben zu wecken, seine Lebendigkeit zu unterstützen, sein Leben zu fördern und ihn in die Freiheit und ins Leben zu entlassen.

Übernimm selbst Verantwortung und
fördere die Lebensmöglichkeiten anderer.
Spüre deinem eigenen Verhalten nach:
Gehst du der Verantwortung lieber aus dem Weg?
Oder übernimmst du überall und ungefragt
Verantwortung?

Hast du für dich wirklich das richtige Maß gefunden?
Wenn du unter der Verantwortung zusammenbrichst,
ist es ein Zeichen:
Du hast dich übernommen.
Aber wenn du allen Problemen
aus dem Weg gehst und immer auf die anderen hoffst,
und erwartest, dass sie die Konflikte lösen,
dann solltest du dich in Verantwortlichkeit einüben.
Es tut dir selbst nicht gut, überall vor der
Verantwortung davonzulaufen.

Frage dich:
Wo möchtest du gerne zupacken?

Stell dir vor:
Wie wäre es, wenn Du in dieser oder jener Sache,
für diesen oder jenen Menschen
konkrete Verantwortung übernehmen würdest?

Vielleicht kommen dann Ängste hoch.
Komm mit diesen Ängsten ins Gespräch.
Dann werden sie sich relativieren

Vielleicht spürst du aber, dass du durch die Verantwortung an Stärke und Selbstvertrauen wachsen würdest.
Dann wäre es eine Einladung.
Nimm die Einladung an.
Übernimm mehr Verantwortung.
Das wird dir gut tun.
Und es wird gut sein für andere Menschen.

Sei achtsam auf dein eigenes Verhalten:
Wie gehst du mit dir selbst und mit Menschen um?
Jammerst du über deine Vergangenheit?
Oder hast du dich mit ihr ausgesöhnt?
Bist du dankbar für die Gaben,
die du von deinen Eltern mitbekommen hast?
Oder beklagst du nur, was alles sie dir nicht gegeben haben?

Überlege, wie du mit anderen umgehst:
Weckst du in ihnen Leben?
Oder hinderst du sie daran, das zu entfalten, was in ihnen liegt?
Wenn du sie am Leben hinderst, dann wirst du erkennen, dass du dein eigenes Leben blockierst.

Wenn du merkst, dass es so ist:
Dann solltest du vor solcher Erkenntnis nicht erschrecken.
Verstehe auch das als Einladung.

Wie wäre es, anders mit ihnen umzugehen?
Wie wäre es, wenn du in ihnen Leben wecken würdest?
Wie würde es dir selber dabei gehen?
Und wie den anderen?

Meditiere dich in die Menschen hinein,
die dir anvertraut sind und die dir täglich begegnen:
Was möchte in ihnen zum Leben kommen?

Versuche, den Schlüssel zum anderen zu finden.
Schließe die Tür zum Potenzial des anderen auf,
damit das Leben in ihm zu fließen beginnt.
Hilf einem Menschen zu mehr Leben.
Dann wirst du selbst beschenkt.
Du selbst wirst lebendiger werden.

6

VERLIER DICH NICHT IN DER ARBEIT, ABER WAS DU TUST, TUE GERN

Arbeit ist nicht nur Selbstverwirklichung und Ausdruck von kreativem Schaffensdrang und Lebensfreude. Sie hat auch ein anderes Gesicht. Arbeit wurde mit der Vertreibung aus dem Paradies zusammengebracht und als schweißtreibende Last, als Plage, ja sogar als Fluch empfunden. In der Antike hat zumindest die Oberschicht Arbeit negativ bewertet. Nicht die erbrachte Arbeitsleistung, sondern die Muße zeichnete etwa bei den Griechen des Altertums den freien Bürger vor den Sklaven aus. Es gab aber auch schon früh eine positive Sicht der Arbeit als kreative Mitwirkung an der Schöpfung, die freilich ihre Begrenzung im Sabbat hat, der Gott gehört. Diese Sicht finden wir in der Bibel und sie ist in der christlichen Tradition bestimmend geworden. Der hl. Benedikt hat in seiner Regel die Handarbeit der Mönche hervorgehoben. Ihm ist die Wertschätzung der Arbeit im Abendland zu danken.

Für die Mönche hat die Arbeit drei Funktionen. Sie bestimmen noch heute unser Verhältnis zu dem, was wir in jedem Beruf tun: Mit der Arbeit verdiene ich meinen eigenen Lebensunterhalt und werde dadurch unabhängig von anderen. Die Arbeit dient ferner dem Menschen. Das gilt nicht nur für die Dienstleistung, sondern für Landwirtschaft und Handwerk genauso.

Die Arbeit ist schließlich auch eine spirituelle Herausforderung. In ihr werde ich herausgefordert, das Kreisen um mich loszulassen und mich auf Gott einzulassen. Wie ich die Arbeit verrichte, darin zeigt sich meine Spiritualität. In der Arbeit übe ich die wesentlichen Haltungen ein, die auch der spirituelle Weg von mir verlangt: Selbstlosigkeit, Liebe, Hingabe, Zuverlässigkeit, Treue, Klarheit und Gerechtigkeit.

Gerade heute, in einer Zeit, in der Arbeit zu einem kostbaren Gut geworden ist, das nicht mehr selbstverständlich ist, spüren wir, wie sehr sie zum Menschsein gehört. Allerdings ist sie gerade deshalb auch zum Problem geworden. Diejenigen, die Arbeit haben und darunter leiden, dass immer mehr von immer weniger Menschen geleistet und produziert werden muss, machen die Erfahrung: Arbeit hat zwei Seiten, sie hat immer noch ein Doppelgesicht. Auch in der heutigen Arbeit gibt es die beiden Pole, sich einlassen und abgrenzen, arbeiten und ausruhen. Es gibt die Lust und die Last, die Freude zu arbeiten und die Freude, die Arbeit loszulassen. Es ist eine Kunst, diese beiden Pole immer gut auszutarieren. Nicht jedem gelingt diese Kunst. Es gibt Menschen, die sich in der Arbeit verlieren, weil ihnen die Arbeit Freude macht. Solange sie ihnen Freude macht, ist es auch gut für sie. Aber manchmal überhören sie dann die Gefühle des Ausgenutzt-Werdens, der Gereiztheit und Empfindlichkeit. Solche Gefühle sind immer ein Alarmzeichen. Sie sagen mir, dass ich etwas kürzer treten muss und auch noch andere Orte finden sollte, an denen ich mich freuen kann, als nur in der Arbeit.

Andere verlieren sich in der Arbeit, weil sie sich hinter ihr verstecken. Sie brauchen die Arbeit, um sich anderen gegenüber unangreifbar zu machen. Sie arbeiten so viel, damit niemand sie kritisieren kann. Mehr können sie ja nicht tun. Aber die Menge der Arbeit sagt noch nichts über die Qualität der Arbeit aus. Oft verbreiten Menschen, die sich hinter der Arbeit verstecken, um sich ein aggressives Klima. Sie werfen mit ihrer vielen Arbeit den anderen vor, dass sie zu wenig arbeiten. Andere sind arbeitssüchtig. Sie brauchen die Arbeit wie eine Droge, weil sie sich ohne Arbeit wertlos fühlen. Sie müssen sich mit der Arbeit betäuben, weil sie sonst ihre innere Leere spüren würden. Doch diese Leere können sie nicht aushalten. Daher brauchen sie die Arbeit als Droge, die ihnen die Augen verschließt vor der eigenen Wahrheit.

Ich soll mich nicht in meiner Arbeit verlieren. Wie kann das gelingen? Für mich selber ist es wichtig, meine Arbeit zeitlich zu begrenzen. Ich setze mir sowohl für die Arbeit in der Verwaltung als auch für die Vortragstätigkeit und für die Kursarbeit klare Grenzen. Manchmal werden die Grenzen überschritten. Dann höre ich auf meine Gefühle. Es gibt Grenzüberschreitungen, die in mir einen Strom von Lebendigkeit auslösen. Dann habe ich das Gefühl, dass es gut war. Aber es gibt auch Grenzverletzungen, die in mir Ärger und Unzufriedenheit erzeugen. Dann weiß ich, dass ich die Grenzen wieder besser beachten muss.

Die zeitliche Begrenzung ist aber nur ein Weg, mich nicht in der Arbeit zu verlieren. Der andere Weg besteht in der

Einstellung zur Arbeit. Ich darf mich nicht über meine Arbeit definieren. Arbeit ist schön. Ich kann mich auf sie einlassen. Da fühle ich mich lebendig. Aber ich brauche auch einen inneren Abstand zur Arbeit. Ich muss mir immer bewusst sein, was das eigentliche Ziel meines Lebens ist. Und das besteht nicht darin, möglichst viel zu leisten, sondern darin, meine ganz persönliche Lebensspur in diese Welt einzugraben. Und um diese Spur zu entdecken, brauche ich Zeit und Stille. Der hl. Benedikt sieht die wichtigste Aufgabe des Mönches darin, ein Leben lang Gott zu suchen. Diese Suche hält mich lebendig. Sie relativiert meine Arbeit. Sie zeigt mir, dass nicht meine Reifung, meine Selbstverwirklichung, meine Lebensspur das Wichtigste ist, sondern Gott. Er ist das eigentliche Ziel meines Lebens. Ihn zu suchen in der Stille, im Gebet, im Nächsten und in der Arbeit, das verlangt Offenheit, Sensibilität für seine Gegenwart in allem, was ist, und die Bereitschaft, mich von ihm treffen zu lassen. Ich kann Gott nicht suchen, indem ich möglichst viel daran arbeite. Suchen ist zwar auch ein Stück Arbeit, aber eine andere als die, die ich in der Verwaltung oder beim Schreiben verrichte. Es ist eine innere Arbeit, die Arbeit an meiner Seele, ein Ausstrecken nach dem ganz anderen, ein Mich-Öffnen dem unbegreiflichen Geheimnis gegenüber.

Bei aller inneren Freiheit der Arbeit gegenüber kommt es aber doch darauf an, dass ich meine Arbeit gerne tue. Ob ich eine Arbeit gerne verrichte, hängt nicht nur von der Art der Arbeit ab, sondern vor allem von meiner Einstellung. Natürlich gibt es Arbeiten, die nicht so interessant sind und eher zur Routine werden. Aber auch diese Arbeiten kann ich bereitwillig erledigen, wenn ich eine positive Grundeinstellung zur Arbeit habe. Da geht es nicht nur um Motivation, sondern auch darum, dass ich frei bin von dem Druck, mich durch die Arbeit beweisen oder mich in der Arbeit vor anderen besonders interessant machen zu müssen. Dann empfinde ich sofort Widerstand gegen Routinearbeiten. Doch wenn ich frei bin vom Ego, das sich beweisen muss, dann kann ich mich auf die Arbeit einlassen. Ich arbeite dann gerne. Es geht mir von der Hand. Und es gehört zur Arbeit, dass sie abwechselt zwischen anspruchsvollen und eher einfachen Tätigkeiten. Auch die werde ich dann gerne verrichten. Denn es geht nicht um mich, sondern um die Arbeit. Und die ist immer Dienst für andere. Auch einfache Tätigkeiten, die zuverlässig verrichtet werden, sind Dienst für andere. Sie können sich auf meine Zuverlässigkeit verlassen.

Es macht Freude, jemandem zuzusehen, dem die Arbeit leicht von der Hand geht. Wenn jedoch einer mit innerem Widerstand arbeitet, wird ihm jeder Handgriff zuviel. Und man meidet ihn eher. Denn in seiner Nähe bekommt man die Unzufriedenheit und Aggressivität mit. Von einer Arbeit, die einer gerne tut, geht dagegen Lust aus. Da werden auch andere angesteckt, sich auf die Arbeit einzulassen. Es entsteht ein Klima von Freude am Arbeiten, am Miteinander, an dem gemeinsamen Erfolg. So ein Klima tut jedem Menschen gut. Und es trägt wesentlich zu seiner Gesundheit und zu seinem seelischen Wohlbefinden bei.

Der hl. Benedikt fordert in seiner Regel den Cellerar auf, er solle auf seine Seele achten. Dieser Satz mag für manchen altmodisch klingen. Aber er spricht eine Wahrheit aus, die nicht überholt ist. Die Führungskräfte eines großen Industrieunternehmens, die für ein paar Tage ins Kloster kommen, nehmen oft gerade diesen Satz mit nach Hause. Er sagt etwas aus, was uns alle angeht: Leistung und Anstrengung ist wichtig. Aber wir sollten unsere Seele nicht an den Erfolg verkaufen. Wir sollten nie vergessen, auf das zu achten, was mehr wert ist als alle äußere Leistung und aller äußerer Erfolg: Gesundheit und Heil unserer Seele.

Verlier dich nicht in der Arbeit,
aber was du tust, tue gern.
Nur so achtest du auf deine Seele.

Was heißt das für dich:
auf die eigene Seele achten?

Spüre in dich hinein:
wenn du morgens zur Arbeit gehst:
Gehst du gerne oder regt sich in dir Widerstand?
Wogegen richtet sich der Widerstand?
Sind es Menschen, vor denen du Angst hast?
Ist es eher das Gefühl, in der Arbeit ausgenutzt
zu werden?

Oder zeigt dir der Widerstand,
dass du besser für dich selber sorgen musst,
dass es einfach zuviel ist für dich?

Achte auf die Regungen deiner Seele.
Sie sagen dir, was für dich das richtige Maß ist.

Geh nie mit einem grollenden Herzen in die Arbeit.
Damit schadest du dir selbst und den anderen.
Es ist deine eigene Verantwortung,
dass du dich für deine Arbeit heute motivierst.

Versuche dich positiv einzustimmen:
Ich habe „ja" gesagt zu dieser Arbeit.
Also will ich sie heute gut verrichten.
Wenn der Widerstand trotzdem bleibt, dann solltest du die Arbeit entweder anders organisieren oder manches abschneiden oder du musst eine andere Einstellung zur Arbeit finden.

Mach dir bewusst:
Die Arbeit ist nicht immer angenehm.
Aber zum Leben gehört auch, dass wir im Schweiße unseres Angesichts unser Brot verdienen müssen.

Es ist deine Verantwortung,
dich für die Arbeit zu motivieren,
damit du sie gerne tust.
Damit tust du dir selbst den größten Gefallen.

7

LIEBE DIE GEGENWART UND LERNE, GELASSEN ZU SEIN

Heute ist die beste Zeit", sagt ein Sprichwort. Und ein anderes: „Was du heute kannst besorgen, verschiebe nicht auf morgen." Dahinter steckt vielleicht eine Warnung vor Müßiggang. Es gibt noch eine Tradition, die nicht aus Gründen der Arbeitsmoral den Wert der Gegenwart betont. Diese Tradition hat etwas anderes im Auge. Die geistlichen Autoren aller Jahrhunderte mahnen uns, ganz im Augenblick zu sein, im Hier und Jetzt zu leben. Es ist eine Kunst, gegenwärtig zu sein. Ich mache mich frei von dem ständigen Urteilen und Nachdenken über die Vergangenheit und frei von der Angst um die Zukunft. Das ist nicht einfach. Es braucht Übung, bis ich die Gedanken an die Vergangenheit und Zukunft lassen kann und mich völlig dem gegenwärtigen Augenblick widme. Es braucht eine innere Freiheit, um gegenwärtig zu sein. Aber wenn es mir gelingt, dann empfinde ich wirkliches Leben. Dann ist jeder Augenblick kostbar. Ich atme, ich rieche, ich höre, ich schaue. Ich bin ganz präsent. Wenn ich präsent bin, dann erfahre ich die Wirklichkeit in ihrer Tiefe. Dann umfasst der Augenblick alles: Himmel und Erde, Zeit und Ewigkeit, Gott und Mensch. Ich lebe dann wirklich.

Viele sind heute unfähig zu dieser reinen Gegenwart. Sie tun sich schwer, das, was gerade ist, intensiv zu erleben. Daher brauchen sie Anregungen von außen, sie müssen immer weiter reisen, immer aufregendere Events erleben, sie brauchen auch im Urlaub noch Animateure, damit sie das Leben spüren. Weil sie nicht fähig sind, wirklich zu leben, müssen sie möglichst viel erleben. Wer im Augenblick lebt, für den ist die Fülle des Lebens erfahrbar. Wenn er ganz in seinen Sinnen ist, dann empfindet er das Geheimnis des Lebens. Das genügt ihm. Er braucht nicht immer neue Anregungen von außen. Er ist einfach da. Und in diesem Sein ist alles beschlossen: Gott, das reine Sein, die Schöpfung um ihn herum und das Geheimnis des eigenen Lebens und der eigenen Person.

Jesus mahnt uns zu dieser reinen Präsenz, wenn er uns zur Wachsamkeit aufruft. Immer wieder erzählt Jesus Gleichnisse, in denen er uns auffordert, wachsam zu sein. Im Lukasevangelium mahnt uns Jesus mit einem Gleichnis zur Wachsamkeit: „Legt euren Gürtel nicht ab, und lasst eure Lampen brennen! Seid wie Menschen, die auf die Rückkehr ihres Herrn warten, der auf einer Hochzeit ist, und die ihm öffnen, sobald er kommt und anklopft. Selig die Knechte, die der Herr wach findet, wenn er kommt." (Lk 12,35–37) Was heißt das: Wir sollen stets unsere Lampen brennen lassen? Gemeint ist: Wir sollen bewusst leben und nicht oberflächlich und unbewusst dahintreiben. Das Gleichnis macht das deutlich: Wir sollen in Erwartung des Herrn leben, der von einer Hochzeit kommt. Wer von der Hochzeit kommt, der ist in besonderer Stimmung. Er möchte berichten von dem, was er gesehen hat. Wenn er in ein schläfriges Haus käme, wäre er enttäuscht. Die Knechte, die wachsam sind, öffnen ihm die Tür, sobald er kommt und anklopft. Das ist ein Bild für das richtige Leben geworden. Der Christ ist wie einer, der den Herrn erwartet. Er rechnet damit, dass er jeden Augenblick an die Tür seines Herzens klopft. Wenn er ihm aufmacht, dann wird in ihm Hochzeit sein, dann wird in ihm alles Gegensätzliche eins, Zeit und Ewigkeit, Gott und Mensch.

Achtsamkeit und Wachsamkeit bedeuten aber nicht, dass wir nur warten auf das, was kommt. Vielmehr fordert Jesus uns auf, dass wir im Warten auf den Herrn unserer Verantwortung im Alltag und unseren täglichen Pflichten nachkommen und sie sorgfältig erfüllen – im Hier und Jetzt. Wachsamkeit ist keine Flucht vor der Realität, sondern ein Sich-Einlassen auf das, was gerade dran ist. Die Liebe zum Augenblick braucht als Voraussetzung die Gelassenheit. Ich muss mein Ego losgelassen haben, um so frei zu sein, dass ich ganz präsent bin.

Die Haltung der Gelassenheit ist seit der griechischen Philosophie ein Zeichen eines weisen und reifen Menschen. Der Weise ist gelassen. Er wird nicht von seinen Affekten beherrscht. Er ist frei von Abhängigkeit und Anhänglichkeit. In der deutschen Mystik wird die Gelassenheit als wichtige spirituelle Tugend gesehen. Meister Eckehart spricht vom gelassenen Menschen. Es ist einer, der nicht nur die materiellen Dinge loslässt und sich von ihnen nicht mehr knechten lässt. Er lässt auch Menschen los. Er ist fähig zu guten freundschaftlichen Beziehungen. Aber er hängt sich nicht daran. Und letztlich soll der geistliche Mensch auch Gott lassen. Das klingt paradox. Aber

Meister Eckehart weiß, dass wir uns oft an unseren Bildern festklammern. Damit wir offen werden für den ganz anderen Gott, müssen wir Gott um Gottes willen lassen und unsere Gottesbilder loslassen.

Lassen soll der Mensch vor allem sich selbst, sein Ego, sein Imponierenwollen. Denn am Festhalten an sich selbst liegt die Wurzel alles An-sich-Bindens. Dieses An-sich-Festhalten führt zur Verkrampfung, zum Druck, sich beweisen zu müssen. Wer frei ist von diesem Druck, der ist gelassen: Er kann lässig zu sich stehen, ohne Krampf, ohne Druck, ohne Anstrengung. Das Lassen ist die Bedingung, dem anderen wirklich in Freiheit zu begegnen und ihn dabei selber frei zu lassen. Ich lasse ihn, wie er ist. Eine solche Haltung ist die Voraussetzung wirklicher Kultur. Kulturlosigkeit entsteht immer, wenn man alles für sich benutzen will, anstatt es zu bestaunen, anzuschauen, eben: es zu lassen. Martin Heidegger spricht auch von einer Gelassenheit, die sich aus dem Wesen des Denkens ergibt. Denken heißt nicht, die Dinge beherrschen, sondern sie sein lassen, sie in ihrem Wesen erscheinen lassen. Zum echten Denken gehört also die Gelassenheit. Sie ist die Grundvoraussetzung, dass ich mich ganz auf den Augenblick einlassen kann, ohne ihn einem Zweck zu unterwerfen, den ich selber setze. Ich bin einfach da. Ich bin reines Sein. Und dieses reine Sein leuchtet auf in meinem Denken, im Hören von Musik, im Schauen der Schöpfung und der Kunst. Es ist ein gelassenes Denken, ein gelassenes Hören und ein gelassenes Schauen. Dieser Gelassenheit zeigt sich das Geheimnis des Seins in seiner Fülle.

Die Römer benennen die Haltung der Gelassenheit mit dem stoischen Begriff „aequo animo“. Der Mensch soll alles, was er tut, mit Gleichmut tun, mit einer Seele, die im Gleichgewicht ist, die sich nicht so leicht hin- und herzerren lässt, die sich nicht aus der Balance bringen lässt. Das ist leichter gesagt als getan. Es verlangt, mein Haften an den Dingen, meinen Ehrgeiz, meine Geltungssucht, meine Empfindlichkeit loszulassen. Dann werde ich mich von den Turbulenzen um mich herum nicht aus der eigenen Mitte reißen lassen. Ich bin gelassen, anstatt mich von außen bestimmen zu lassen.

Nur der findet wirklich zur Gelassenheit, der sich selbst loszulassen vermag. Unser Ego mischt sich in alles hinein, was wir tun. Es kommt nie zur Ruhe. Es will immer glänzen, immer herrschen, immer alles haben. Daher ist es eine harte Arbeit, es immer wieder loszulassen. Dabei geht es nicht darum, das Ego zu zerbrechen. Denn ohne Ich können wir nicht leben. Aber das Ego drückt sich aus in vielen Illusionen, die wir uns vom Leben gemacht haben. Wir nähren in uns die Illusion, dass wir alles im Griff haben, dass wir die Besten sind, dass wir erreichen werden, was wir wollen. Nur wer sein Ego mit seinen vielen Illusionen loslässt, wird wirklich gelassen. Er ist innerlich frei geworden.

Liebe die Gegenwart und lerne,
gelassen zu sein.
Versuche, die Gelassenheit einzuüben,
indem du einfach die Dinge betrachtest,
die du siehst.

Schaue dein Zimmer an,
ohne etwas daran ändern zu wollen.

Erfreue dich an dem, was ist.
Spüre dich in die Dinge hinein.
Höre, was sie dir sagen.
Schaue in die Landschaft,
ohne sie im Bild festhalten zu wollen.

Schau auf die Wirklichkeit,
ohne sie umzugestalten.
Nimm wahr, was ist, und lass es so sein.

Sei gelassen
und du wirst neue Erfahrungen machen.
Du wirst einen tiefen inneren Frieden spüren.
Du wirst die Schönheit in allem erkennen.
Du wirst die inneren Zusammenhänge entdecken.
Und du wirst immer freier vom Zwang,
alles nach deinen Vorstellungen ändern zu müssen.

Lass die Dinge, wie sie sind.
Lass deine Vorstellungen los.
Dann blühen die Dinge auf.

Lass den andern so, wie er ist.
Sei es dein Freund oder auch dein Feind:
Verzichte darauf, einen anderen ändern zu wollen.
Betrachte ihn einfach.
Meditiere dich in ihn hinein:
Er ist, wie er ist.
Sie ist, wie sie ist.
Deine ungeduldigen Erwartungen werden abfallen.
Er darf sein, wie er ist.
Sie darf sein, wie sie ist.
Es ist gut, dass sie so ist, wie sie ist.
Es ist gut, dass er so ist, wie er ist.

Und du wirst entdecken,
was in ihm und was in ihr steckt:
an Weisheit, an Kraft, an Sehnsucht, an Liebe.
Die Gelassenheit wird dich reich beschenken.
Sie wird dir ein guter Führer sein,
mit Menschen liebevoll umzugehen.

Gelassen kannst du ganz gegenwärtig sein.
Gelassen kannst du den Augenblick genießen.
Gelassen bist frei vom Druck.
Du musst nicht alles Mögliche erleben.
Du erfährst das Leben in Fülle.
Und du wirst spüren:
Mehr gibt es nicht.

8

LEBE DEINE WERTE, ABER BEWERTE NICHT ANDERE

Zeitkritiker sprechen heute gerne vom Wertewandel oder gar Werteverlust. Doch Werte können nicht verloren gehen. Sie existieren und lassen sich nicht auflösen. Was sich verändert, ist die Haltung, die Einstellung der Menschen. Wir können unsere Beziehung zu den Werten verlieren. Seit der griechischen Philosophie hat man die Grundwerte des Menschen beschrieben, ja das Menschsein gerade daran festgemacht. Die Tradition stimmt darin überein: Werte machen das Leben wertvoll. Werte geben unserem Miteinander, unserer Arbeit, unserem Denken einen hohen Wert. Die Griechen sprechen bei den Werten von *arete*, von Fertigkeit, Begabung und von Kraft. Die Lateiner betonen diesen letzten Aspekt, wenn sie von *virtutes* sprechen, von Kraftquellen, aus denen wir schöpfen können. Der englische Ausdruck für Werte „value" kommt von *valere*, das „stark sein, gesund sein" bedeutet. Werte geben unserem Leben Stärke und Kraft und machen uns gesund. Ohne Werte wird das Leben wertlos. Werte schenken dem Menschen Würde.

Es hilft nicht, nur einen Wertverlust zu beklagen. Wir sollen die Werte auch nicht moralisierend einklagen und mit erhobenem Zeigefinger darauf hinweisen, dass wir die Werte brauchen, weil sonst unsere Würde verloren geht. Mit Moralisieren kann ich keinem Wert Geltung verleihen. Wir müssen für die

Werte werben. Wenn jemand wirklich spürt, dass ein Wert seinem Leben Wert verleiht, dann lässt er sich eher darauf ein, als wenn jemand ihm nur ein schlechtes Gewissen einreden möchte.

Die vier Grundwerte waren für den Philosophen Platon: Gerechtigkeit, Tapferkeit, Maß und Klugheit.

In der Gerechtigkeit geht es nicht nur um die soziale Gerechtigkeit, dass ich allen Menschen gerecht werde und die Güter in der Welt gerecht verteile. Vielmehr beginnt die Gerechtigkeit damit, dass ich den verschiedenen Seelenkräften gerecht werde. Ich muss also alles, was in mir ist, berücksichtigen, damit ich richtig leben kann. Ich werde mir selbst gerecht. Dann bin ich auch fähig, anderen gerecht zu werden und richtig mit ihnen umzugehen.

Die Tapferkeit ist zuerst die Tugend des Kriegers und Sportlers. Für die Philosophen und Politiker besteht die Tapferkeit darin, dass sie das, was sie als richtig erkannt haben, auch vertreten, auch wenn sie dabei Widerstand erfahren oder verletzt werden. Heute gibt es viele Politiker und Wirtschaftsführer, für die die einzigen Werte die Zustimmungswerte sind, die sie in der Bevölkerung erhalten. Sie leben nicht innere Werte, sondern definieren sich über die Bewertung, die sie von außen erfahren. Die Populisten halten sich allein an die äußere Zustimmung. Innen haben sie keinen Wert. Da erscheinen sie hohl. Doch diese Hohlheit höhlt unser Miteinander aus.

Das richtige Maß zu finden, ist die Voraussetzung für ein gesundes Leben. Das rechte Maß meint nicht Mittelmäßigkeit. Was mein Maß ist, das erkenne ich erst, wenn ich über mein Maß hinausgegangen bin. Aber auf Dauer kann ich nicht über mein Maß leben. Sonst werde ich krank und falle in mich zusammen. Und das Maß ist heute wichtig für unser Wirtschaften. Wir können nicht maßlos wachsen. Wir müssen das Maß bewahren, das uns die Schöpfung vorgibt. Sonst beuten wir die Natur aus und verkleinern das Maß, das wir den Nachfahren zugestehen.

Auch Klugheit ist eine Tugend, die wir brauchen, damit unser Leben taugt. Sie ist die Kunst, im Augenblick die richtige Entscheidung zu treffen und das für den Augenblick Gemäße zu tun. Sie hat mit Sehvermögen zu tun. Thomas von Aquin bringt die „prudentia" (Klugheit) mit „providentia" (Voraussehen) zusammen. Der Kluge braucht einen größeren Horizont, um das für den Augenblick Richtige zu erkennen. Und Klugheit meint: bewusst leben, nicht einfach dumpf vor sich hin leben. In diesem Sinn lobt Jesus den klugen Mann, der sein Haus auf den Felsen gebaut hat, und die klugen Jungfrauen, die mit den Lampen auch Öl mitnehmen, weil sie damit rechnen, dass der Bräutigam noch länger ausbleibt.

Wer Werte lebt, der wird unabhängig von der Bewertung von außen. Er steht in sich. Er weiß, dass ihm niemand seine Würde nehmen kann, auch nicht die Zustimmungswerte, die die letzte Befragung durch Infratest ergeben hat. Wer keinen Wert in sich hat, der kennt als einzigen

Wert die Bewertung durch die Menschen. Das Ziel der Menschwerdung ist aber, frei zu werden von der Bewertung durch andere. Sonst richte ich mich ständig nach der Meinung anderer und verbiege mich innerlich. Ich lebe nicht mehr selber, sondern werde gelebt. Ich muss nach der Meinung anderer schielen, anstatt dem eigenen Wissen und Fühlen zu trauen. Ich entscheide nicht mehr nach Recht und Gerechtigkeit und nicht mehr gemäß der Werte, die das Leben wertvoll machen, sondern nur danach, was von den Menschen angenommen wird. Die Mehrheit der Meinung ist ausschlaggebend und nicht mehr die Qualität. So können keine neuen Erkenntnisse reifen. Man biegt und verbiegt sich nach den wechselnden Stimmungen. Doch was die Menschen brauchen, ist Klarheit und Verlässlichkeit, ist Echtheit und Mut, für das als richtig Erkannte auch einzutreten.

Im persönlichen Gespräch erlebe ich oft, wohin das Werten führt. Da treffe ich nicht nur viele Menschen, die sich völlig abhängig machen von den Bewertungen ihrer Umgebung. Ich begegne auch vielen, die sich selbst ständig bewerten. Sobald sie über sich sprechen, bewerten sie sich. Sie erzählen von ihrer Eifersucht. Und schon kommt der Einwand: „Mit 50 Jahren dürfte ich doch eigentlich nicht mehr eifersüchtig sein." Oder sie sprechen von ihrer Empfindlichkeit. Und sofort kommt die Bewertung: „Diese blöde und unreife Empfindlichkeit ärgert mich." Sie berichten von dem Ärger, der sie den ganzen Nachmittag besetzt hielt. Und sie ärgern sich über den Ärger und meinen, das sei doch krankhaft. Bei allem, was sie von sich berichten, schwingt eine Wertung mit:

Eigentlich dürfte das doch gar nicht sein. Das sei doch ein Zeichen von Unreife, von Krankheit oder aber von Schuld. Ich versuche dann immer zu vermitteln: „Hören Sie auf, sich zu bewerten. Es ist so, wie es ist. Sie haben Ärger, sie haben Eifersucht und Wut. Alles darf sein. Es kommt nur darauf an, wie Sie damit umgehen. Sie sind nicht verantwortlich für die Gedanken und Gefühle, die in Ihnen auftauchen, sondern nur dafür, wie Sie darauf reagieren." Ich kann nur ändern, was ich angenommen habe. Ich muss erst einmal annehmen, was in mir ist, ohne es zu bewerten. Wenn ich es sofort als negativ bewerte, werte ich mich damit selbst ab. Das Entwerten hindert mich aber daran, einen Weg zu finden, wie ich mit meiner Wut, meiner Angst, meiner Depressivität umgehen kann. Das Entwertete möchte ich am liebsten loswerden. Aber dann wird es mich ständig verfolgen. Nur das Angenommene kann verwandelt werden. Das Entwertete zieht mich nach unten. Und es fehlt mir zum Leben.

Häufig begegne ich Menschen, die sich selbst anklagen, weil sie schlecht von anderen denken. Sie bewerten ständig die anderen. Sobald sie in einen Raum kommen, fangen sie an zu werten: „Der da schaut komisch aus. Der ist aber schlecht angezogen. Die Frau scheint wenig intelligent zu sein. Die andere ist unsicher. Die ist mir unsympathisch." Sofort fällen wir Werturteile. Und oft genug werten wir dabei andere ab. Wir können gegen den ersten Eindruck nichts machen. Der ist einfach da. Manchmal ist der erste Eindruck ja auch ein gutes Signal. Wenn uns jemand sofort unsympathisch ist, dann ist das ein Impuls, ihm eher aus dem Weg zu gehen und nicht seine Nähe zu suchen. Doch ich darf meinen Eindruck nicht zu einem Urteil über den anderen werden lassen. Ich darf den Unsympathischen nicht abwerten. Vielleicht hängt das Gefühl ja auch mit mir selbst zusammen. Es ist einfach das erste Gefühl. Vielleicht erinnert mich der andere an Menschen, mit denen ich negative Erfahrungen gemacht habe. Wenn ich dann mit diesen Menschen zusammenarbeiten muss, dann darf ich nicht beim ersten Gefühl stehen bleiben. Ich muss versuchen, ihn in seiner Einmaligkeit erst einmal wahrzunehmen. Ich muss ihm eine Chance geben. Es kann sein, dass er sich als ganz anders entpuppt, als es dem ersten Eindruck entspricht. Es steht uns nie zu, über andere zu werten. Wir dürfen keine Urteile über sie fällen. Wir können höchstens ein Verhalten bewerten und uns davon distanzieren. Aber den Menschen als Person zu bewerten, steht uns nicht zu.

In der Wirtschaft werden die Mitarbeiter ständig beurteilt und bewertet. Ja, schon in der Schule werden die Schüler benotet. Eigentlich gelten diese Beurteilungen oder Noten nur den Leistungen der Schüler und Mitarbeiter. Aber die Gefahr besteht, dass wir damit auch den Menschen benoten und bewerten. Und das führt zu einem Klima, das keinem gut tut. Wir haben immer den Eindruck, in unserem Verhalten, in unserer Arbeit gute Noten erzielen zu müssen. Damit wird das Leben anstrengend. Und wir richten uns nur nach der Benotung und Bewertung, anstatt nach den inneren Werten zu fragen und daraus zu leben. Wir definieren uns vom Urteil anderer her. Das macht uns unfrei. Und oft genug erzeugt es in uns Angst, den Wertmaßstäben der anderen nicht zu entsprechen. Wir fühlen uns abgewertet und werden unsicher. Wir verlieren das Gefühl für unsere Identität. Eine solche Haltung strahlt auch auf andere aus. Daher braucht es den Mut, sich von den eigenen und fremden Wertungen frei zu machen und seinen tiefsten Wert in der unantastbaren Würde zu erkennen, die wir als Menschen von Gott bekommen haben. Das macht uns frei. Und wenn wir uns anderen gegenüber nicht wertend verhalten, verhelfen wir auch ihnen zu größerer Freiheit.

Es ist ein Paradox: Um deine Werte zu entdecken, musst du bewerten. Du musst entscheiden, was wertvoll ist und was nicht. Werte haben also mit Bewerten zu tun. Gott hat uns ja auch die Urteilskraft gegeben. Und dennoch – so fordert uns Jesus auf – sollen wir nicht richten, damit wir nicht gerichtet werden. (Vgl. Lk 6,37) Doch es gilt auch die andere Erfahrung: Wer seinen Wert gefunden hat, hat es nicht nötig, andere zu bewerten.

Der Abt John Eudes Bamberger hat dem holländischen Theologen und Psychologen Henri Nouwen bei seinem Aufenthalt im Kloster den folgenden Satz zur Meditation aufgegeben: „Ich bin die Herrlichkeit Gottes." Das klingt vielleicht etwas zu groß. Aber es ist die Zusage Gottes an uns in Jesus Christus. Eine Zusage, die unser Leben verändert.

Lebe deine Werte,
aber bewerte nicht andere.
Versuche, den Wert des Satzes konkret zu erfahren:
„Ich bin die Herrlichkeit Gottes."

Was bedeutet dieser Satz,
wenn du ihn meditierst?
Spüre ihm nach
Erfühle, was er für dich bedeutet.
Spüre deinen kostbaren Wert.

Frage dich selber:
Was sind die Werte, die mir heilig sind?
Was macht mein Leben wertvoll?

Den eigenen Wert zu spüren, macht dich frei.
Die Bewertung anderer wird unwichtig.
Du selbst musst andere nicht beurteilen.
Sie dürfen sein, wie sie sind.

Du weißt:
Auch sie haben eine unantastbare Würde.
Du spürst:
Auch in ihnen leuchtet Gottes Herrlichkeit auf.

Du kannst das erste Werturteil vielleicht nicht verhindern.
Es mag sich spontan in deinem Kopf bilden.
Aber es muss sich nicht festsetzen.
Lass es sein.

Sag dir selber:
Es steht mir nicht zu, über andere zu richten.
Sie sind, wie sie sind.
Gott kennt sie.
Ich muss sie nicht in ihrem Innersten durchschauen.
Ich überlasse das Werten Gott.

Lass dein Urteilen.
Und du wirst selber freier
und gelassener werden.

9

KÄMPFE FÜR DEINE ZIELE, ABER SUCHE AUCH FRIEDEN

Das Leben ist ein Kampf. Dieses Wort hören wir heute nicht so gerne. Wir haben es gerne bequemer. Wellness heißt das Zauberwort. Man muss vor allem versuchen, glücklich zu werden, sich wohl zu fühlen. Doch eine Kuschelecke ist das Dasein nicht und von dem Kreisen um das eigene Wohlgefühl geht wenig Kraft aus. Und es wirkt auch in sich selbst schwach. Kampf meint nicht Eroberung oder Zerstörung. In erster Linie ist damit etwas anderes gemeint: Wachheit, kraftvolle Entschlossenheit und die Bereitschaft, nicht nur schön zu reden, sondern auch mit Taten für das einzustehen, was wichtig ist. In den großen Erzählungen der Menschheit und den Mythen der Religionen ist vom Kämpfen die Rede. Und im geheimnisvollen Kampf des Jakob mit dem Engel zeigt sich, worum es hier geht: um Bewährung. Auch die frühen Mönche sprechen von „militia Christi", vom Kriegsdienst für Christus. Sie haben das geistliche Leben als Kampf verstanden, vor allem als Kampf mit den Dämonen. Als Dämonen bezeichneten sie die inneren Kräfte im Menschen, die sie davon abhalten wollen, in Freiheit über sich zu bestimmen. Dämonen sind innere Zwänge, Lebensmuster, Leidenschaften und Emotionen, die die Tendenz haben, vom Menschen Besitz zu ergreifen. Von dem geistlichen Ringen, das die Mönche selbst vorgelebt und beschrieben haben, ging damals eine große Kraft aus. Viele junge Männer zogen hinaus in die Wüste, um die „Athleten Gottes", wie man die Mönche bezeichnete, zu sehen. Einem jungen Mann, der den Altvater Arsenios um einen Rat fragte, antwortete dieser: „Kämpfe, soweit deine Kraft reicht, dass dein innerliches Wirken Gott entspricht. Dann wirst du auch die Schwierigkeiten von außen überwinden." (Apo 47) Die Mönche kämpfen nicht nur äußerlich mit den Unbilden der Wüste und mit den Gefahren von außen. Sie führten vor allem einen inneren Kampf. Sie wollten das Innere so gestalten, dass Gott darin Raum hat. Und sie wollten sich letztlich von Gott prägen lassen. Doch dafür mussten sie all die Leidenschaften besiegen, anstatt sich von ihnen bestimmen zu lassen.

Heute sieht unser Kampf sicher anders aus als zur Zeit der frühen Mönche im vierten Jahrhundert. Aber auch unser Kampf braucht innere und äußere Ziele. Innere Ziele sind das Ringen um die Authentizität und um die eigene Identität. Wir sollen darum ringen, dass wir innerlich frei werden und uns nicht von irgendwelchen Stimmungen beherrschen lassen. Für mich ist es ein Kampf, mich immer wieder meinen Fehlern und Schwächen zu stellen und mich von ihnen zu distanzieren, damit ich durchlässig werde für Jesus Christus. Andere kämpfen mit Süchten oder mit empfindlichen Stellen, die sie ärgern. Wieder andere ringen darum, ihren eigenen Weg zu finden oder zu ihren tiefsten Quellen vorzustoßen. Manche haben auch den Eindruck, dass sie vergeblich kämpfen. Sie haben Therapien gemacht. Sie sind spirituelle Wege gegangen. Und sie haben das Gefühl, dass nichts geholfen hat, dass sie immer noch von ihren Depressionen und Ängsten bestimmt werden. Vielleicht haben sie zu sehr gegen sich selbst gekämpft, anstatt mit sich und mit ihren Depressionen. Wer gegen sich wütet, der weckt in sich eine so starke Gegenkraft, dass er seine ganze Energie im Kämpfen vergeudet. Diese Art von Kampf meinten die Mönche nicht. Es war nicht ein Kampf gegen sich, sondern für sich. Aber auch bei diesem Kampf braucht es viel Geduld, den Kampf nicht aufzugeben, ihn im Gegenteil immer wieder auf sich zu nehmen und sich selbst nicht aufzugeben. Es braucht auch die Erfahrung und die Einsicht, dass solch ein innerer Kampf einen auch verwunden kann, wie das bei Jakob am Fluss Jabbok war. Und dass eine solche Verwundung nicht unbedingt schwächen muss, ja dass sie sogar stärken kann.

Wir brauchen aber auch äußere Ziele, für die wir uns einsetzen. In der Wirtschaft spricht man von Zielvereinbarungen, die die Führungskraft mit dem Mitarbeiter bespricht. Führungskräfte sollten Visionen entwickeln. Und aus den Visionen sollten sie klare Ziele formulieren und ihre Erreichbarkeit beschreiben. Das klingt manchmal etwas mechanisch. Aber auch eine Firma kann ohne Ziele nicht bestehen. Jeder, der Verantwortung übernimmt, verbindet seine Aufgabe mit Zielen, die er sich gesetzt hat. Um diese Ziele zu erreichen, muss er sich mit aller Kraft einsetzen und dafür kämpfen. Die Mitarbeiter nur von den Zielen zu überzeugen, genügt nicht. Die Mitarbeiter möchten sehen, wie die Führungskraft dafür kämpft, diese Ziele zu erreichen. Ja, Führen besteht gerade in der Kunst diese Ziele nicht nur deutlich zu machen, son-

dern sie auch so durchzusetzen, dass Leben gefördert wird.

An der Spitze eines Unternehmens, eines Vereins, einer Organisation, gleich welcher Couleur, kann nur jemand stehen, der für die Ziele dieser Organisation kämpft. Es braucht jemanden, der mit dem Einsatz seiner Person die Dinge voranbringt. Sonst würde sich in der Gruppe die Schwerkraft bemerkbar machen und alle mit nach unten ziehen. Bei diesem Kampf braucht es Kraft und Klarheit, aber ebenso auch Geduld und Zuversicht. Im Einsatz für meine Ziele werde ich immer auch Enttäuschung erleben. Die Gründe sind vielfältig: Die Mitarbeiter oder Vereinsmitglieder machen nicht so mit, wie ich mir das erhofft habe. Oder sie bekämpfen meine Strategie oder meine Ziele. Sie versuchen, mich durch Intrigen zu Fall zu bringen. Wer kämpft, wird immer auch verletzt. Wer sich vor jeder Verletzung schützen möchte, vermag nicht zu kämpfen.

Kampf ist aber nicht alles. Und auch ein Ziel, für das sich der Einsatz lohnt, darf nicht mit allen Mitteln angestrebt werden. Immer mehr setzt sich die Einsicht durch, dass es wichtig ist, nicht nur mit „Power", sondern auch mit Werten zu führen. Nicht jedes Mittel ist durch das Ziel geheiligt. Es gibt Menschen, die dies in ihrem Kampf aus dem Blick verlieren. Und es gibt immer wieder auch Menschen, die in ihrem Kampf für eine gute Sache blind werden. Das typische Beispiel ist Michael Kohlhaas, der für edle Zwecke kämpft, aber in seiner Verblendung und Sturheit erst recht viel Leid erzeugt. Ich darf mich nicht in meinem Kampf festbeißen. Sonst merke ich gar nicht, wann der Kampf aussichtslos geworden ist. Es braucht im Kämpfen immer auch den Kontakt zu den Menschen, mit denen ich kämpfe, und den Austausch mit Außenstehenden, um zu erkennen, ob der Kampf sich lohnt und ob er weitergeführt werden sollte. Wer nur noch im Kampf aufgeht, der wird blind. Auch der Krieger zieht sich zurück, um von neuem zu kämpfen. Und der Sportler – etwa der Boxer – braucht den Abstand, um wieder neue Angriffe starten zu können. Er kann nicht gegen die Wand kämpfen. Sonst handelt er sich nur einen blutigen Kopf ein.

Der Gegenpol des Kampfes ist der Friede. Ein militärischer Kampf endet im Friedensschluss. Wer blind geworden ist im Kämpfen, der wird nie aufhören. Er wird auch nie zugeben, dass er den Kampf verloren hat. Zum Kämpfen gehört auch die Fähigkeit, verlieren zu können. Der faire Kämpfer kann anerkennen, dass ein anderer stärker war oder dass der Kampf in einer Firma nicht zum Ziel geführt hat. Denn Frieden zu schließen heißt, eingestehen, dass es keinen Sinn mehr hat, weiterzukämpfen. Wenn der Kampf allen Beteiligten schadet, bleibt nur der Weg, Frieden zu schließen. Beim Friedensschluss darf es aber keine Sieger und Verlierer geben, sonst wird der Friede nicht halten. Jeder muss sich geachtet fühlen. Und jeder muss mit dem ausgehandelten Frieden leben können.

Kämpfen und Frieden-Stiften sind auch zwei Pole, die jeder Mensch in sich selbst verbinden muss. Es gibt Menschen, denen es nur gut geht, wenn sie möglichst viele Feinde haben, gegen die sie kämpfen können. Sobald die Feinde wegfallen, geht es ihnen gar nicht gut. Jetzt sind sie mit sich selbst konfrontiert. Und in kurzer Zeit brauchen sie einen neuen Gegner. Wenn sie außen keinen finden, bekämpfen sie sich selbst und werden dann oft depressiv. Zum Kämpfen muss die Bereitschaft kommen, Frieden zu schließen. Ich kann aber nur Frieden stiften, wenn ich mit mir selbst in Frieden lebe.

Die frühen Mönche sprachen zwar vom Wert des Kampfes, aber sie haben den Kampf nicht als Endziel gesehen. Das Ziel des Kampfes war vielmehr die *apatheia*, ein Zustand inneren Friedens und innerer Freiheit. Der große Psychologe unter den frühen Mönchsvätern, Evagrius, nennt die *apatheia* die Gesundheit der Seele. Gesundheit der Seele bedeutet: Die Leidenschaften bekämpfen weder sich selbst noch den Menschen. Sie leben im Frieden miteinander und sie dienen mir, damit mein Leben teilhat an ihrer Kraft.

Der hl. Benedikt stellt im Prolog seiner Regel die Frage an die neu eingetretenen Brüder: „Wer hat Lust am Leben?" Wer diese Frage bejaht, dem hält Benedikt das Psalmwort entgegen: „Willst du wahres und unvergängliches Leben, bewahre deine Zunge vor Bösem und deine Lippen vor falscher Rede! Wende dich ab vom Bösen und tue das Gute; suche den Frieden und jage ihm nach!" (RB, Prolog 17)

Sich vom Bösen abzuwenden entspricht dem Kampf, auf den sich der Mönch durch seinen Eintritt in die Gemeinschaft einlässt. Aber diesem Kampf muss die Suche nach dem Frieden zur Seite stehen, damit er wirklich Mönch wird. Und Benedikt sagt mit dem Psalmisten, dass der Mönch den Frieden nicht nur suchen, sondern ihm nachjagen soll. Benedikt versteht dieses Nachjagen nach dem Frieden zum einen als Teil des spirituellen Weges jedes einzelnen. Jeder hat als Ziel, inneren Frieden zu finden und mit sich selbst in Einklang zu kommen. Darin besteht wirkliche Lust am Leben. Zum anderen muss aber der Mönch auch bereit sein, zum Frieden in der Gemeinschaft beizutragen. Daher kämpft Benedikt gegen das Laster des Murrens. Denn dieses Murren würde die Gemeinschaft vergiften.

Im Mittelalter ist die pax benedictina, der benediktinische Friede, sprichwörtlich geworden. Dass eine Gemeinschaft in Frieden leben kann, ist nicht selbstverständlich. Dazu braucht es die Bereitschaft der Mönche, miteinander in Frieden zu leben. Und es braucht die Weisheit des Abtes, der alles so ordnet, „damit die Starken finden, wonach sie verlangen, und die Schwachen nicht entmutigt werden“. (RB 64,19)

Kämpfe für deine Ziele, aber suche auch Frieden.
Kampf und Frieden sind Pole jedes Lebens.
Das gilt auch für dein Leben.

Mach dir bewusst:
Der Friede ist nicht nur Ergebnis des Kampfes.

Lerne zu unterscheiden:
Was ist in einer konkreten Situation geboten?
Kämpfen oder Frieden-Schließen?

Manchmal lohnt es sich nicht, zu kämpfen.
Da ist es wichtiger, mit dir und mit der Situation
um dich herum Frieden zu schließen.

Bleibe klar und konsequent.
Ein zu früher Friedensschluss kann ein fauler
Kompromiss sein.
Weiche einem notwendigen Konflikt nicht aus.
Oft führt nur der durchgestandene Konflikt
zu einer wirklichen Lösung.
Entwickle ein gutes Gespür dafür:
Was stimmt für dich jetzt in diesem Augenblick?

Sei dir immer bewusst:
Das Ziel ist nicht das Kämpfen.
Das Ziel ist der Friede.

Frage immer:
Wann ist die Zeit zum Kämpfen?
Und wann ist die Zeit zum Frieden-Schließen?

Spüre in dich hinein:
Dort, wo du tief in deinem Herzen Frieden spürst,
da findest du das Richtige.

Es kann sein, dass du spürst:
Es geht darum, den Konflikt durchzustehen.
Dann kämpfe für deine Ziele.

Es kann aber auch sein,
dass du tief in deinem Innern spürst:
Es lohnt sich nicht, weiterzukämpfen.
Die Zeit des Friedens ist da.
Dann trau dem Frieden und jage ihm nach!

10

SEI GUT ZU DIR SELBST UND ÖFFNE DEIN HERZ FÜR ANDERE

Anthony de Mello erzählt eine Geschichte, die auf den Punkt bringt, worum es im Verhältnis der Menschen zu einander und zu sich selber geht. Ein Geschäftsmann kam zum Meister und wollte von ihm wissen, was das Geheimnis eines erfolgreichen Lebens sei. Da sagte der Meister: „Mach jeden Tag einen Menschen glücklich!" Und er fügte, nach einer kleinen Pause hinzu: „... selbst wenn dieser Mensch du selber bist." Und ein wenig später ergänzte er: „*Vor allem*, wenn dieser Mensch du selbst bist."

Keiner von uns lebt allein. „Nur sämtliche Menschen leben das Menschliche", hat Goethe in einem Brief an Schiller einmal gesagt. Das klingt wie eine Selbstverständlichkeit und ist es doch nicht. Das Ich und die anderen – sie sind immer aufeinander bezogen. Oft meinen wir, gutes Handeln beziehe sich nur auf andere. Gut mit sich selbst umzugehen, das klingt für manche Christen wie eine Anleihe aus der Esoterik. Andere meinen, hier werde ein weichgespültes Christentum verkündet. Doch das stimmt nicht. Jesus fordert uns auf, barmherzig zu sein. Und die Barmherzigkeit ist nichts anderes als Güte und Milde sich selbst und den Menschen gegenüber. Es wäre falsch zu glauben, im Christentum sei nur von Nächstenliebe die Rede. Wir dürften nur für die anderen sorgen und nicht für uns selbst. Barmherzig ist, wer ein Herz hat für die Unglücklichen und Armen. Aber bevor er ein Herz für die Unglücklichen und Armen haben kann, muss er ein Herz für das Arme und Unglückliche in sich selber haben. Jesus hat die Nächstenliebe an die Selbstliebe gebunden: „Du sollst deinen Nächsten lieben wie dich selbst." (Mt 22,39) Damit zitiert er das alttestamentliche Gebot aus Lev 19,18. In früheren Zeiten haben die Christen fast nur den ersten Teil wahrgenommen. Viele Heilige haben sich im Dienst der Nächstenliebe aufgezehrt und dabei Großes geleistet. Doch nicht jeder ist ein Heros der Nächstenliebe. Viele, die sich nur für andere aufgeopfert haben und damit glaubten, das Gebot Jesu zu erfüllen, sind bitter und hart und unzufrieden geworden. Sie haben den Eindruck gewonnen, dass sie nur für andere da sind, aber wenn sie jemanden brauchen, ist niemand für sie da. Und irgendwann haben sie auch Hilfe gebraucht. Dann waren sie enttäuscht. Ihr Bedürfnis nach Hilfe und Zuwendung zeigt, dass sie nicht immer nur geben können. Wir sind nicht Gott, der immer aus dem Vollen schöpft. Wir können nur geben, wenn wir auch nehmen. Wir brauchen die Zuwendung von anderen. Wir brauchen aber vor allem auch unsere eigene Zuwendung. Das meint Jesus mit der Selbstliebe. Wir sollen liebevoll mit uns umgehen. Nur dann wird die Nächstenliebe aus unserem Herzen strömen. Sie wird auch uns lebendig machen, anstatt uns zu überfordern.

Was heißt nun, gut zu sich selber sein? Es heißt nicht, dass ich die Hände in den Schoß lege und mich einfach so sein lasse, wie ich bin. Ich will ja auch wachsen. Ich bin noch nicht so, wie ich gerne sein möchte. Gut zu sich selber sein heißt zuerst einmal: sich selbst so anzunehmen, wie man ist. Nur was ich angenommen habe, kann ich verändern. Ich muss mich also zuerst aussöhnen mit meiner Geschichte, mit meinem Charakter, mit meinen Stärken und mit meinen Schwächen. Und vor allem muss ich mich aussöhnen mit meinem Leib, so wie er ist.

Im Gespräch erlebe ich immer wieder Menschen, die innerlich gegen sich wüten und sich mit Gewalt anders haben wollen. Doch wenn ich gegen mich wüte, wenn ich mich verurteile, dass ich so bin, wie ich bin, dann kann ich mich auch nicht ändern. Dann bleibe ich im Kampf gegen mich selbst stecken. Das, was ich an mir verurteile, schneide ich ab. Es wird sich nicht wandeln. Ich muss akzeptieren, dass ich diese oder jene Schwächen und Fehler habe. Die Schwäche wird mir immer bleiben. Daher muss ich liebevoll mit ihr umgehen. Dann wird sie sich wandeln.

Wenn ich mir Fehler nicht vergeben kann, werde ich auf sie fixiert bleiben. Wenn ich empfindlich bin und gegen meine Empfindlichkeit gewaltsam vorgehe, dann wird sie immer wieder aufbrechen. Und ich werde mich ständig ärgern, dass ich sie so wenig abgelegt habe. Wenn ich mich aber mit ihr aussöhne, dann taucht sie zwar immer wieder auf. Aber ich gehe liebevoll mit ihr um. Ich sage zu mir selbst: Ja, ich bin empfindlich. Aber dort, wo ich empfindlich bin, bin ich auch empfindsam. Da vermag ich auch andere Menschen gut zu verstehen. Oder ich halte meine Empfindlichkeit Gott hin. Dann spüre ich an der empfindlichen Stelle die Wärme von Gottes Liebe. Und so verwandelt sich meine Empfindlichkeit allmählich. Liebe, göttliche und menschliche Liebe, ist eine Kraft, die verwandelt. Liebe kann Vertrocknetes zu neuem Leben bringen. Sie kann Verdorrtes wieder blühen lassen. Sie kann Verhärtetes weich machen, dem Verachteten den Glanz der Schönheit verleihen und Licht ins Dunkel bringen. Sie ist ein Feuer, das Erkaltetes erwärmt und auch ein ausgebranntes Herz wieder zu einem Ort des Lichtes und des Lebens macht.

Aber ich bin meiner Schwäche auch aus einem anderen Grund nicht hoffnungslos ausgesetzt. Ich kann an ihr arbeiten. Dann wird sie sich wandeln. Und vielleicht wird dann aus meiner Schwäche eine Stärke. Gut mit sich selbst umgehen ist kein Gegensatz zur Askese. Askese heißt Übung. Askese wird nur dann gewalttätig, wenn ich gegen mich wüte, anstatt mit mir zu kämpfen. Der Sportler trainiert nur dann richtig, wenn er seinen eigenen Körper mit seinen Grenzen akzeptiert. Dann kann er die Grenzen langsam etwas verschieben. Wenn die Askese nicht aus Liebe zu mir geschieht, wird sie zum Selbsthass führen. Doch der Selbsthass hindert mich auch daran, den Nächsten zu lieben. Die Askese führt mich nur weiter, wenn ich liebevoll mit mir umgehe. Dann höre ich auf, über mich und meine Begrenzungen zu jammern. Ich nehme meine Grenzen an. Aber ich habe Lust, an mir zu arbeiten, damit die Grenzen sich etwas ausweiten und mir mehr Raum zum Leben geben. Und umgekehrt ist richtig verstandene Askese die Kunst, sich

immer freuen zu können. Ja, Askese steigert die Lust am Leben.

Psychologen sprechen von der „Egoismusfalle“: Menschen, die nur sich selbst lieben möchten, die aber Selbstliebe mit Kreisen um sich selbst verwechseln, bleiben bei sich selbst stehen. Sie erfüllen sich alle Bedürfnisse. Aber auch wenn sie ein Wellness-Wochenende nach dem anderen buchen, zuletzt fühlen sie sich einsam und leer. Wirklich gut fühle ich mich erst, wenn ich auch mein Herz für andere öffne, wenn ich mich anderen zuwende. Dann erlebe ich oft das Geschenk der Begegnung.

Allerdings darf ich den anderen nicht verzwecken. Wenn ich mein Herz nur dem anderen öffne, damit ich beschenkt werde, gehe ich leer aus. Wenn ich mein Herz öffne, weil der andere mich interessiert, weil ich seine Not spüre, weil ich mit ihm fühle, weil ich ihm helfen möchte, dann werde ich reich beschenkt. Wenn ich gebe, weil ich selber Zuwendung oder Bestätigung brauche, dann fühle ich mich bald verausgabt. Wenn ich aber gebe, weil ich selbst genügend Liebe empfangen habe und immer wieder von Gott empfange, dann werde ich auch selber bereichert, indem ich gebe. Wenn der andere sich von mir verstanden fühlt und erleichtert von mir weggeht, dann fühle ich mich selbst auch beschenkt. Durch mich ist jemand mehr zum Leben gekommen. Das weckt in mir ein Gefühl der Dankbarkeit und der Freude. Ich kann innerlich Gott dafür danken, dass diese Begegnung so gut gelungen ist, dass der andere gestärkt und verwandelt nach Hause gehen konnte.

Die beiden Pole Selbstliebe und Nächstenliebe kommen nicht nacheinander, sie stehen nicht in einem Verhältnis der Über- und Unterordnung zueinander, sondern sie greifen ineinander. Ich kann nicht mit der Nächstenliebe warten, bis mir die Selbstliebe gelungen ist. Denn dann müsste ich wohl bis zum Tod warten. Ich werde immer auch Defizite in meiner Liebe zu mir selbst haben. Wenn ich sage: Selbstliebe und Nächstenliebe greifen ineinander, dann bedeutet das: Manchmal wende ich mich mehr dem einen, manchmal mehr dem anderen Pol zu. Aber oft sind die beiden Pole auch gleichzeitig da. Indem ich einem anderen geholfen habe, spüre ich auch eine neue Qualität der Selbstliebe. Ich bin dankbar für mich selbst und für das, was Gott mir an Fähigkeiten und an Herzlichkeit geschenkt hat.

Ich kenne Krankenschwestern, die gerne helfen und in der Nächstenliebe richtig aufgehen. Ihnen als generelle Regel zu sagen, sie sollten besser für sich sorgen, würde nur ihre Liebe bremsen. Doch es gibt auch für Menschen, die sich in der liebenden Zuwendung für andere verzehren. Sie brauchen Zeiten, in denen sie sich liebevoll sich selbst zuwenden können, damit sie in ihrer Nächstenliebe nicht ausbrennen. Wir brauchen ein gutes Gespür, was sich in unserer Seele rührt. Wie es in der Geschichte von Anthony de Mello hieß: Sorge auch für dich, wenn du für andere sorgst. Mach andere glücklich, und es wird dein eigenes Glück und deinen inneren Reichtum vermehren. Dann trifft zu, was in einem chinesischen Sprichwort steht: „Gegenseitige Hilfe macht selbst arme Leute reich."

Sei gut zu dir selber und öffne dein Herz für andere.
Ein Herz für dich selber haben
und dein Herz für andere zu öffnen,
das ist nicht immer einfach.
Aber es sind doch zwei Seiten einer Wirklichkeit.
Wenn die Balance zwischen beidem glückt,
dann kann dein Leben gelingen.

Versuche für dich selber herauszufinden:
Hast du das Gefühl in dir,
dass eine Seite zu kurz kommt?
Finde heraus:
Wie kann das Gleichgewicht wieder hergestellt werden?

Spüre in dich hinein, wie es dir geht:
Fühlst du dich ausgenutzt?
Das ist ein Alarmzeichen.
Dann solltest du besser mit dir umgehen.

Macht dir das Engagement für andere Freude?
Dann genieße es auch.
Dann tut es dir und dem anderen gut.

Spüre auch negativen Gedanken nach:
Macht dir etwas ein schlechtes Gewissen:
„Ich müsste doch eigentlich mehr für andere tun."
Oder:
„Sich selbst etwas zu gönnen, ist Egoismus."

Schau solche Gedanken genauer an:
Sind sie berechtigt?
Oder erinnern sie dich an deine Kindheit?
Sind sie bestimmt von deiner Erziehung?
Ist dir ausgetrieben worden, an dich selbst zu denken?

Trifft das für dich zu?
Dann ist es wichtig,
dass du dich mit deinem Lebensmuster aussöhnst,
aber zugleich davon distanzierst.
Diese Gedanken werden immer wieder
in dir auftauchen, sobald du dir etwas Gutes tust.

Aber dann sage zu dir selber:
„Ja, ich kenne diesen Gedanken,
wenn ich für mich sorge.
Aber ich distanziere mich jetzt von diesem
schlechten Gewissen.
Ich gönne mir die Zeit für mich selbst.
Ich traue mich, ein Bedürfnis zu erfüllen,
das ich mir längst verboten hatte.“

Geh auf diese Weise gut mit dir um.
Und du wirst in dir auch wieder das Bedürfnis haben,
für andere zu sorgen.

Du wirst spüren:
Auch dir selber tut es gut, wenn du nicht
immer nur um dich kreist, sondern auf andere zugehst
und sie beschenkst.

Wenn du dich mit offenem Herzen einem anderen zuwendest, dann empfängst du selber Zuwendung und Verständnis.
Und das darfst du auch mit gutem Gewissen genießen.

Sei dankbar für dein Leben.
Sei dankbar für die Begegnung mit einem Menschen, dem du dich mit offenem Herzen zugewandt hast.
Diese Dankbarkeit ist gut.
Und sie tut dir selber gut.

11

STELL DICH DEINER ANGST, VERLEUGNE SIE NICHT – VERWANDLE SIE IN LEBENSKRAFT

Angst kennt jeder. Sie gehört zum Leben. Doch nicht jeder stellt sich seiner Angst. Angst hat ein Doppelgesicht: „Vertraue deiner Angst – sie kann dich retten. Misstraue deiner Angst – sie kann dich vernichten", so heißt es dementsprechend in einem alten Text. Und im alten Orient kennt man den Ausspruch eines Weisen. Er sagte zu einem Ratsuchenden, der über seine Ängste klagte: „Denk daran, wenn ein Hund bellt und du dich davor fürchtest: Es könnte sein, dass er eine Gefahr signalisieren möchte – während du glaubst, dass er dich anbellt. Du hast ihn missverstanden."

So kommt es darauf an, auch seine eigene Angst richtig zu verstehen. Dazu muss man sie zunächst einmal wahrnehmen. Und man muss erkennen: Es gibt viele Formen der Angst, und es gibt viele Weisen, der Angst aus dem Weg zu gehen. Der eine stürzt sich in Aktivitäten, um die tiefsitzende Angst nicht spüren zu müssen. Der andere verdrängt sie oder versucht sie durch Psychopharmaka in den Griff zu bekommen. Doch je mehr wir die Angst verleugnen oder unterdrücken, desto stärker wird sie. Sie wird uns in alle Lebensbereiche hinein verfolgen. Es braucht viel Energie, die Angst zu unterdrücken. Und irgendwann bringen wir nicht mehr die nötige Energie auf. Dann wird sie uns überschwemmen. Panikattacken werden aus heiterem Himmel auftreten. Wir wissen nicht woher. Am schlimmsten ist dann die Angst vor der Angst.

Sobald das Gefühl von Angst in uns auftaucht, taucht die Angst auf, Panik könnte uns ergreifen und wir wären der Situation nicht mehr gewachsen. Alle würden uns unsere Angst ansehen. Dann bleibt nur noch die Flucht. Doch je mehr wir die Angst vermeiden, desto breiter wird sie sich in unserem Leben machen. Sie wird uns immer mehr einengen. Und bald sind alle unsere Lebensvollzüge von Angst begleitet, die uns am Leben hindert und uns lähmt. Sie bedroht uns. Solche Ängste können zerstörerisch sein und wie ein Kerker wirken, aus dem wir nicht ausbrechen können. Unser Leben reduziert sich immer mehr. Die Angst verhindert ein Leben in Fülle, wie es uns Jesus versprochen hat. Von solcher Angst möchten wir frei werden.

Welchen Ausweg gibt es aus der Angst? Der wichtigste Weg ist: die Angst nicht verleugnen, sondern sich ihr stellen. Aber das gelingt nur, wenn ich die Angst mit anderen Augen anschaue. Anstatt sie als etwas Feindliches oder gar Krankhaftes zu sehen, das ich auf jeden Fall entweder verbergen oder bekämpfen muss, soll ich sie als einen Freund ansehen. Ich muss sehen, ob sie mir etwas sagen will, was für mich wichtig ist, was mich auf eine Grenze hinweist. Oder ob sie mir einen Hinweis auf krankhafte Muster in meinem Verhalten gibt. Wenn ich keine Angst hätte, hätte ich auch kein Maß. Da würde ich mich ständig heillos überfordern. Die Angst kann also eine wichtige und heilsame Funktion haben. Das Märchen „Von einem, der auszog, das Fürchten zu lernen" zeigt, wie ein Mensch ohne Angst unfähig ist zu wirklichen Beziehungen. Zwei Söhne, von denen der eine klug und ein Feigling, der andere, der jüngere, aber dumm und ohne Furcht ist. Der Vater verstößt ihn, weil er zu nichts zu taugen scheint. Als er auszieht, um das Fürchten zu lernen, ist das sein Versuch, menschlich zu werden. Unterwegs fragt ihn einmal ein Fuhrmann: „Wer bist du?“ „Ich weiß es nicht“, antwortet der Junge. Wer

vor nichts Angst hat, so sagt das Märchen, der ist kein rechter Mensch. Angst gehört also zum Menschsein. Sie zieht in manchen Situationen eine Grenze zum anderen und verschafft einen Sicherheitsabstand, der uns schützt und erst zu uns selber kommen lässt. Sie macht, wie dieses Märchen zeigt, erst menschlich und damit auch beziehungsfähig.

Ein wichtiger Weg, mit der Angst umzugehen ist: sich die Angst erlauben. Sie darf sein. Ich bewerte sie nicht, sondern schaue sie an. Was ich abwerte, das will ich auch nicht sehen. Viele wollen ihre Angst nicht anschauen, sondern nehmen sofort Psychopharmaka dagegen. Oder aber sie beten zu Gott, er möge ihnen die Angst nehmen. Aber wenn ich im Gebet meine Angst überspringe und Gott bitte, er möge mich davon befreien, wird es nicht helfen. Das wahre Gebet stellt sich der Angst und hält die Angst Gott hin, um sie vor Gott anzuschauen. Nach dem Anschauen kommt das Gespräch mit der Angst. Zuerst frage ich, wovor ich denn konkret Angst habe. Habe ich vor Menschen Angst? Vor welchen? Ist es die Angst vor ihrem Urteil? Habe ich Angst, mich vor ihnen zu blamieren, einen Fehler zu machen und dann von ihnen negativ angesehen oder beurteilt zu werden? Oder ist es die Angst, das Leben nicht zu schaffen, die Angst, einen geliebten Menschen zu verlieren, ohne den Ehepartner allein dazustehen und mit dem Leben überfordert zu sein? Oder ist es die Angst vor Krankheit, vor Krebs oder die Angst vor dem Tod? Und wenn ich meine Todesangst genauer anschaue, bezieht sie sich dann auf das Loslassen oder auf die Hilflosigkeit, auf die Schmerzen, auf die Endgültigkeit des Abschieds oder auf das Unbekannte des Todes und das, was danach kommt? Ist es die Angst vor der Verdammung? Das Gespräch mit der Angst konkretisiert sie und nimmt ihr daher das Diffuse, das uns oft überschwemmt und gegen das wir uns nicht wehren können.

Im Gespräch mit der Angst frage ich nicht nur nach dem Wovor, sondern auch nach dem Wozu. Was will die Angst mir sagen? Welche Sehnsucht steckt in meiner Angst? Die Angst vor dem Urteil der anderen will mir sagen, dass ich mein Lebenshaus nicht auf den Sand der Meinungen anderer bauen darf, sondern auf einen festen Grund, auf den Felsen, der mich trägt. Und dieser Fels können nicht die anderen Menschen sein, es ist letztlich Gott.

Die Angst vor dem Versagen will mich darauf hinweisen, dass ich keine Garantie habe, alles richtig zu machen. Aber ist das wirklich so wichtig? Die Angst lädt mich ein, die Grundannahmen meines Lebens zu relativieren. Wir haben oft in uns innere Annahmen, die uns nicht gut tun. So eine Grundannahme ist: „Wenn ich einen Fehler mache, bin ich nichts wert. Wenn ich mich blamiere, entziehen mir die anderen ihre Sympathie oder sie halten mich für verrückt." Indem ich diese Grundannahme formuliere, merke ich, dass sie nicht stimmt. Die Angst fordert mich auf, positivere Grundannahmen zu entwickeln, wie: „Ich bin wertvoll, auch wenn ich einen Fehler mache. Ich habe eine unantastbare Würde, die mir niemand nehmen kann." Letztlich führt mich das Gespräch mit der Angst in den eigenen Seelengrund. Die Angst schnürt die Kehle zu oder sie ergreift das Herz. Aber unterhalb meiner Ängste ist ein Raum der Stille, zu dem die Angst keinen Zutritt hat. Dort wohnt Gott in mir. Und wo Gott in mir wohnt, kann die Angst mich nicht beherrschen. Das nimmt mir nicht meine Angst, aber es relativiert sie. Es gibt in mir einen Bereich, zu dem die Angst nicht vordringen kann, wo sie mir nicht zur Bedrohung werden kann.

Eine Frage, die ich an jede Angst stellen kann, ist: „Welche Sehnsucht steckt in dir?"

In der Angst steckt die Sehnsucht, frei zu werden von der Meinung und Zustimmung der anderen, frei zu werden von Grundannahmen, die mich überfordern. Und in der Angst steckt die Sehnsucht nach innerem Frieden, die Sehnsucht, mich anvertrauen zu können und getragen zu sein. Es ist die Sehnsucht, wirklich und zutiefst vertrauen zu können. Vertrauen kann ich nicht einfach machen. Aber wenn ich in meine Sehnsucht hineinhorche, werde ich in der Sehnsucht nach Vertrauen schon Vertrauen finden. Und indem ich das Vertrauen in meiner Sehnsucht spüre, kann es wachsen. Und letztlich steckt in der Angst die Sehnsucht nach

dem Gott, der mich von meiner Angst befreit. Mir hat ein Priester, der sehr von Angst beherrscht war, einmal erzählt, dass er einen Augenblick lang völlig frei war von der Angst. Das war für ihn eine tiefe Gotteserfahrung. Wenn ich Gott erfahre, dann wandelt sich meine Angst in Betroffenheit, in Intensität, in Freiheit.

Das Ziel im Umgang mit der Angst ist, sie in Lebenskraft zu verwandeln. Viele Schauspieler, die Lampenfieber haben, erfahren diese Verwandlung. Die Angst vor dem Bühnenauftritt lähmt sie nicht, sondern fordert sie heraus, besonders achtsam aufzutreten und sich ganz auf die Rolle einzulassen. Die Angst kann uns zu Höchstleistungen antreiben. Wenn ich Angst habe vor einer Sitzung, werde ich mich besonders gut vorbereiten. Angst beflügelt uns also gerade dadurch, dass sie uns zwingt, uns ganz auf die Aufgabe zu konzentrieren und uns mit aller Kraft auf sie einzulassen. Allerdings kommt es immer auf das Maß der Angst an. Es gibt eine Angst, die mich lähmt. Dann nimmt sie mir alle Kraft. Die Angst lähmt mich immer dann, wenn ich sie entweder verleugne oder unterdrücken möchte. Wenn ich mich ihr stelle, dann kann sie die Kraft in mir hervorlocken. Die Angst vor dem Versagen drängt mich, mich sorgfältig vorzubereiten oder intensiv zu lernen. Die Angst vor der Krankheit lässt mich gesundheitsbewusst leben. Und die Angst vor dem Tod ist eine Einladung, jeden Augenblick intensiv zu leben, anstatt oberflächlich dahin zu leben. Sobald ich die Angst als Freund anschaue, kann sie mich zum Leben führen und mich in Berührung bringen mit den Kräften und Möglichkeiten, die in mir bereit liegen.

Wenn Tiere Angst bekommen, dann reagieren sie, indem sie schnell weglaufen oder ihre ganze Energie für den Kampf sammeln. Diese Funktion sollte die Angst auch bei uns haben. Dann wird die Angst, wie der Philosoph Sören Kierkegaard einmal gesagt hat, zum Prüfstein eines jeden Lebens: Es wird „ein Abenteuer, das jeder Mensch zu bestehen hat: Sich ängstigen lernen, damit man nicht verloren ist, entweder weil man sich niemals geängstigt hat, oder weil man in der Angst versunken ist.“ Kierkegaard fährt fort: „Wer aber sich recht ängstigen gelernt hat, der hat das Höchste gelernt.“

Lerne mit deiner Angst richtig umzugehen.
Stell dich deiner Angst,
verleugne sie nicht –
verwandle sie.

Angst ist eine Lebenskraft.
Sie will dir etwas sagen.
Höre auf sie.

Lauf vor deiner Angst nicht davon.
Klammere dich auch nicht an deine Angst.
Schau sie an, ohne Angst vor ihr zu haben.

Frage dich:
Wozu möchte dich deine Angst befähigen?
Wo lädt dich deine Angst ein, zu fliehen?
Wo fordert sie dich auf, eine Aufgabe zu lassen,
weil sie dich überfordern würde?

Und wo ist die Angst eine Herausforderung?
Wo hindert sie dich,
der Wirklichkeit ins Auge zu sehen?
Wo fordert sie dich auf,
dich der Auseinandersetzung zu stellen?
Wo motiviert sie dich,
dich aufmerksam und unter Anstrengung aller Kräfte
und Fähigkeiten in den Kampf einzulassen?

Geh achtsam mit deiner Angst um.
Dann wirst du etwas Wichtiges erfahren.
Du wirst erfahren, dass deine Angst für dich
zum Freund wird.
Du musst sie gar nicht bekämpfen.
Du brauchst sie dir nicht zu verbieten
Sie darf sein.

Angst hat eine wichtige Aufgabe in deinem Leben.
Sie möchte dich in Berührung bringen
mit einer Kraft in dir.
Sie möchte dich auch in Berührung bringen
mit dem Maß in dir.
Es ist ein Maß, das für dich stimmt.
Deine Angst erinnert dich an deine Begrenztheit.
Sie weist dich hin auf deine Endlichkeit.
Aber sie schützt dich dadurch, dass sie dir diese Grenze
zeigt und deine Endlichkeit bewusst macht.

Und sie kann dir einen Hinweis geben,
über die eigene Begrenztheit hinaus.
Nimm auch das Unfassbare an der Grenze
deiner eigenen Existenz wahr, das das Geheimnis
deines eigenen Lebens ist
So kann Angst zu einer Lebenskraft werden,
die dir gut tut.
Zu einer Kraft,
die dich nicht einengt, sondern befreit.

12

UNSER LEBEN BESTEHT NICHT NUR AUS SONNENTAGEN – NIMM KRISEN AUCH ALS CHANCE

Mach es wie die Sonnenuhr, zähl die schönen Stunden nur." Dieser alte Kalenderspruch ist eine Aufforderung zum positiven Denken. Richtig an diesem Spruch ist: Das Leben ist keineswegs nur düster. Es gibt die wunderbaren Momente im Leben, die Sonnentage. Es gibt die Momente, in denen man sich in Harmonie mit allem fühlt und sich als Teil des Ganzen erfährt. Es gibt die Erfahrung, dass man sich getragen weiß, eins mit der Erde, wo das Leben, das um mich herum aufblüht, auch in mir ist und mich durchdringt.

Aber es ist im Leben des Menschen wie in der Natur. Unser Leben kennt auch Stürme, und keineswegs immer nur Sonnenschein.

Positives Denken kann sehr wichtig und hilfreich sein, aber es kann die Wirklichkeit auch verfälschen. Heute herrscht oft ein zu hoher Erwartungsdruck, der suggeriert, dass alles gelingen müsse. Da wollen uns manche weismachen, wir bräuchten nur positiv zu denken, dann würde alles gut ausgehen. Und manche glauben das auch. Ich traf einen Unternehmer, der vor dem Konkurs stand und der die Realität einfach nicht wahrnehmen wollte. Er verschloss die Augen vor der Wirklichkeit und erzählte mir, er müsse den Willen zum Sieg nur tief in sein Unbewusstes einlassen, dann würde er Erfolg haben. Doch dieser „Glaube" stürzte ihn in Wirklichkeit in den Ruin.

Er meinte, er könne alles, was er wolle. Doch das machte ihn blind für die tatsächlichen Verhältnisse seiner Firma. Mit dieser Auffassung, ich bräuchte nur positiv zu denken und die Gedanken an den Sieg in mein Unterbewusstes eindringen lassen, dann würde alles gut und ich wäre dann wirklich der Größte, werde ich irgendwann sicher scheitern. Denn es ist eine Haltung, die unserem Menschsein nicht entspricht. Sie verdrängt die Schattenseiten, die auch in uns sind. Zu unserer Wirklichkeit gehört: Wir haben beides, Stärken und Schwächen. Es verändert die Wirklichkeit nicht, wenn wir eine rosarote Brille aufsetzen. Und mit der Meinung, es sei alles nur Willenssache und auch die Wirklichkeit um mich herum, sei nur meinem Wollen unterworfen, werde ich auf Dauer weder Erfolg erreichen noch glücklich werden. Wenn ich das glaube, dann übersteige ich das Maß, das mir von Gott gesetzt wurde.

Es geht in unserem Leben nicht nur um die Sehnsucht nach Erfolg, sondern auch um unsere Sehnsucht nach Glück. Jeder Mensch möchte glücklich sein. So hat es schon Platon, der größte griechische Philosoph vor 2400 Jahren erkannt und formuliert. Die ganze griechische Philosophie kreist im Kern um die Frage, wie der Mensch glücklich zu werden vermag. Die Griechen kannten dabei drei Worte für „Glück“:

Eudaimonia meint die gute Beziehung zum Daimon in mir. Der Daimon ist für Sokrates der Engel, der meine Seele begleitet. Daimon kann auch der göttliche Bereich meiner Seele sein. Glücklich werde ich also nur, wenn ich eine gute Beziehung zu meiner Seele und zum göttlichen Kern in mir aufbaue.

Der zweite Begriff ist: *Eutyche*. Tyche ist das Schicksal, das, was mir zufällt. Hier fällt mir das Glück zu. Wir sagen manchmal: Ich habe Glück gehabt. Mir ist etwas Schönes zugefallen. Aber auch hier braucht es die Bereitschaft des Menschen, wahrzunehmen, was mir täglich an Glück zufällt, eine gute Begegnung, ein gelungenes Gespräch, schönes Wetter, eine neue Einsicht und vieles mehr.

Der dritte Begriff für Glück, *makarios,* ist den Göttern vorbehalten. Nur die Götter sind in diesem Sinne glücklich und selig, weil sie frei sind und von niemandem abhängig. Sie ruhen in sich selbst. Sie sind im Einklang mit sich selbst. Diesen Begriff des *makarios* hat Jesus uns Menschen in der Bergpredigt zugesprochen. Aber er bindet das Glück an bestimmte Haltungen. Wenn wir diese Haltungen verwirklichen, haben wir teil am Glück Gottes, dann sind wir im Einklang mit uns selbst und unserem wahren Wesen.

Jeder Mensch will glücklich sein. Das erleben wir heute zur Genüge. Es gibt viele Glücksbücher, die auf schnelle Art und Weise Glück verheißen. Doch wer immer nur seinem Glück nachläuft, der verfehlt es. Wer unbedingt glücklich sein will, wird eher unglücklich. Es gibt zwar das Sprichwort: „Jeder ist seines Glückes Schmied." Wir können durchaus etwas tun für unser Glück. Aber wir können es nicht einfach machen, indem wir es uns in einem Wellness-Hotel gut gehen lassen oder bestimmte Diäten einhalten. Glück setzt eine innere Haltung voraus, die Haltung des Sich-Beschenken-Lassens und die Haltung, dankbar anzunehmen, was Gott mir schenkt. Und Glück ist nur möglich, wenn ich das Ganze meines Lebens annehme. Und dazu gehören auch die Schattenseiten meines Lebens. Dazu gehören auch Leid und Dunkelheit. Dazu gehören Krisen und Scheitern. Es gibt kein Glück ohne Schmerz, so wie es keine Liebe ohne Angst vor dem Verlust gibt. Ich muss beides in meinem Leben zulassen und darf mich nicht hermetisch gegen den Schmerz abkapseln. Sonst holt er mich irgendwann ein, und ich bin völlig unvorbereitet.

Denn das Leben geht nicht einfach glatt, nur weil ich positiv denke. Mein Leben wird durchkreuzt von Krankheit, von Leid, von Unglück, vom Verlust lieber Menschen. Alles, was uns von außen oder innen widerfährt, stürzt uns in eine Krise. Wer diese dunklen Seiten des Lebens ausklammert, der wird daran zerbrechen. Wer die Krise jedoch als Chance sieht, der wird daran reifen.

Entscheidend ist auch hier die Sichtweise und die Deutung, die ich der Krise gebe. Wenn die Krise nicht sein darf, muss ich sie verdrängen. Das wird eine Zeit lang gelingen. Doch irgendwann wird die Krise so stark, dass sie mein ganzes Lebensgebäude in Frage stellt oder gar zum Einsturz bringt. Das Wachsen geht nur über Krisen. Krisen gehören zu unserem Leben. Die Psychologie weiß: Für das Glück des Menschen ist es auch wichtig, dass er schwere Herausforderungen bewältigt und dabei spürt, dass seine Kräfte und Fähigkeiten sogar wachsen.

Die Mystik sieht Krisen ähnlich positiv. Johannes Tauler, der deutsche Mystiker, sieht in der Krise den Geist Gottes am Werk. Er meint, wenn der Mensch sich zu gut in seinem Leben einrichtet, dann verliert er oft die Beziehung zu seinem wahren Selbst. Tauler deutet das Gleichnis von der verlorenen Drachme als Bild für die Krise. Gott macht es dann wie eine Frau, die etwas sucht. Sie stellt das ganze Haus auf den Kopf, um die Drachme zu suchen. So dringt Gott in unser Haus und wirft alles durcheinander, um uns in den Seelengrund zu führen. Dort, auf dem Grund unserer Seele, können wir die Drachme, unser wahres Selbst, finden. Tauler spricht von der Krise als Gedränge, durch das wir hindurch müssen. Es zwingt uns, von der Oberfläche weg in die eigene Tiefe zu gelangen und unser Lebenshaus auf neuen Grund zu bauen. Die Krise zeigt, dass der bisherige Grund nicht hält.

Gerade wenn wir uns am sichersten glauben, kann der Einbruch kommen. Eine weit verbreitete Krise, in die fast alle Menschen geraten, ist die Krise der Lebensmitte. Das bisherige Gleichgewicht gerät aus den Fugen. Selbstsichere Männer werden auf einmal von Gefühlen gebeutelt oder von Albträumen heimgesucht, die sie nicht mehr ruhig schlafen lassen. Das bisher Verdrängte meldet sich zu Wort. Frauen, die sich bisher liebevoll um die Familie gekümmert haben, brechen auf einmal aus der Enge aus und wollen nur sich selbst verwirklichen. Und Männer und Frauen fragen sich in der Lebensmitte: „Soll das alles gewesen sein?“ Die Frage nach dem Sinn des Ganzen drängt sich ihnen auf. Es hat keinen Sinn, diese Krise zu unterdrücken. Denn dann würde sich das Leben immer mehr reduzieren. Die Krise ist immer auch eine Chance, dass etwas Neues wächst. Die Krise der Lebensmitte stellt uns vor die Herausforderung, ein neues Gleichgewicht zwischen Verstand und Gefühl, Pflicht und Lust am Leben, zwischen Verantwortung und Freiheit, zwischen Bewusstem und Unbewusstem herzustellen.

Die Krise ist eine Wachstumschance. Das Älterwerden lädt uns ein, uns dem inneren Wachstum zuzuwenden. Wir haben in uns Werte. Spätestens ab der Lebensmitte müssen wir aufhören, nur äußeren Reichtum aufzubauen. Denn der wird uns nicht glücklich machen. Wir brauchen den inneren Reichtum unserer Seele, den Schatz, den keine Motte zu verzehren vermag, wie es Jesus ausdrückt. (Vgl. Lk 12,33) Wer in sich hinein horcht, der wird den Schatz der Erinnerung in sich entdecken, aber auch den Schatz der Stille und Gott als die kostbare Perle, die seinem Selbst den ursprünglichen Glanz verleiht.

Es ist nun einmal eine Erfahrung, an der man sich nicht vorbeimogeln kann. Unser Leben kennt gute und böse Tage. Zu wissen, dass es so ist und, auch wenn es uns einmal nicht so gut geht, das Negative nicht absolut zu sehen, das kann auch in Krisen helfen. Denn es kann gelassen machen. Gelassen ist ein Mensch, der Festigkeit ausstrahlt. Der sich nicht so leicht aus der Ruhe bringen lässt. Nicht durch die Meinungen anderer und nicht durch kritische Situationen. Das heißt nicht, dass er wie ein Betonpfeiler, starr und unberührt steht. Ein gelassener Mensch ist höchstens wie ein Baum, der vom Wind zwar hin und her bewegt wird, der aber dennoch fest in der Erde steht. Er ruht in sich. Eine Krise kann ihm nichts anhaben. Wenn ich einen alten und fest verwurzelten Baum sehe, spüre ich etwas von der Kraft, die auch gelassene Menschen ausstrahlen. Und ich spüre bei einem solchen Anblick: Krisen können auch Kraft geben.

Sieh dein Leben realistisch.
Es kann nicht nur aus hellen Tagen bestehen.
Sei dankbar, wenn du von größeren Krisen
verschont warst.
Schau auf deinen eigenen Lebensweg.
Auch du bist durch schwierige Zeiten gegangen.
Oft haben sie sich im Nachhinein als Weg in eine
größere Reife und Weisheit herausgestellt.

Auch in deinem Leben wird es Krisen geben.
Aber nimm sie nicht nur als Bedrohung.
Entdecke in ihnen auch eine mögliche Chance.
Unser aller Leben verläuft nicht nur glatt.

Wenn wir in der Krise stecken,
sehen wir meist keinen Sinn darin.
Wir wehren uns dagegen.
Wir möchten die alte Sicherheit wieder erlangen.
Eine Krise kommt meist unerwartet.
Wenn sie kommt, gerate nicht in Panik.
Freunde dich mit der Situation an.
Frage dich, was sie dir sagen möchte.
Grüble nicht nach, ob du etwas falsch gemacht hast.
Höre auf, die Schuld nur bei dir oder nur bei anderen
zu suchen.

Ein Leben ohne Schwierigkeiten gibt es nicht.
Glaube es nicht, wenn jemand dir das einredet.

Krisen enthalten die Chance zu wachsen.
Frage dich,
was die Situation dir sagen möchte.
Frage dich,
wo du bisher zu einseitig gelebt hast.
Überlege dir,
was du in Zukunft beachten solltest.
Nimm die Situation als Chance,
in neue Bereiche deines Menschseins vorzustoßen.
Sieh sie als Gelegenheit,
neu für den Grund deines Lebens offen zu werden.

Sei dankbar für alles.

Schau nach vorne.

13

LEBE DEINE SEHNSUCHT, DENN DAS, WAS IST, IST NICHT ALLES

Es muss doch mehr als alles geben." Das ist ein Satz der Sehnsucht. Früher hat die Religion unsere Sehnsucht nach Unendlichkeit angesprochen. Heute hat die Werbung unsere vielen Sehnsüchte entdeckt und nutzt sie aus, um die schier unendliche Vielzahl ihrer Produkte an den Konsumenten zu bringen. Da scheint es alles käuflich zu geben. Da wird unsere Sehnsucht nach Glück, nach Freiheit, nach Ruhe, nach Schönheit, nach unendlichem Genießen angesprochen. Doch kein menschliches Produkt, weder ein Waschmittel noch ein Auto, ein Kleid, ein Diamant, kann unsere tiefste Sehnsucht wirklich dauerhaft erfüllen. Die Sehnsucht geht immer über all das hinaus, was wir hier sehen und erleben. Die Sehnsucht richtet sich letztlich auf Gott. Und allein Gott vermag unsere tiefste Sehnsucht zu erfüllen. Dennoch richten sich unsere Sehnsüchte erst einmal auf Erfolg, auf Besitz, auf Liebe, auf Glück, auf ein Gelingen des Lebens. Wenn wir unsere Sehnsucht zu Ende denken, führt sie uns jedoch über diese Welt hinaus. In uns ist etwas, das diese Welt übersteigt. Und das gibt uns wahre Freiheit.

Manche meinen, Sehnsucht sei eine Flucht vor der Realität unserer Welt. Weil wir es hier nicht aushalten können, sehnen wir uns nach einer heilen Welt. Für mich ist Sehnsucht jedoch die Befähigung, in dieser unvollkommenen Welt leben zu können, ohne an der Unvollkommenheit zu zerbrechen. Denn die Sehnsucht sagt mir, dass weder meine Arbeit noch meine Partnerschaft oder Freundschaft, weder meine Firma noch meine Familie oder Gemeinschaft alles sein muss. Ich werde in meiner Arbeit und in meiner Freundschaft Erfüllung und Enttäuschung erleben. Beides weckt in mir die Sehnsucht nach mehr, nach wahrem Frieden und unendlicher Freiheit, nach Glück und Geborgenheit. Die Erfüllung weckt neue Sehnsucht. Und die Sehnsucht hält mich lebendig, damit ich mich immer wieder ausstrecke nach der Fülle des Lebens. Doch auch die Enttäuschung weckt die Sehnsucht. Ich kenne viele, die ständig darüber klagen, dass sie enttäuscht werden, sei es vom Ehepartner oder den Kindern, von der Firma oder der Pfarrgemeinde. Es kann auch die Partei oder der Verein sein, in dem sie sich engagieren. Oft führt die Enttäuschung dazu, sich vom Partner, von der Gemeinschaft abzuwenden. Doch damit wird man auch nicht glücklich. Wenn ich aber von der Enttäuschung meine Sehnsucht wecken lasse, dann kann ich mich damit aussöhnen. Die Sehnsucht, die in der Enttäuschung in mir aufbricht, richtet sich letztlich nach Gott. Die Sehnsucht gehört mir. Die kann mir niemand nehmen. Die Sehnsucht macht mein Herz weit. Die Sehnsucht ist etwas Heiliges in mir. Das Heilige ist das, was der Welt entzogen ist, worüber die Welt keine Macht hat. Das griechische Wort für heilig „hagios“ hat sich in den deutschen Ausdruck „behaglich“ verwandelt. Dort, wo ich etwas Heiliges in mir habe, fühle ich mich behaglich. Das Heilige ist das Gehege, das abgegrenzt ist, in dem ich mich sicher fühle. Die

Enttäuschung dringt nicht bis zu diesem heiligen Raum vor. Im Gegenteil, sie führt mich in ihn hinein. Sie führt mich von der Ebene weg, auf der ich enttäuscht werde, und bricht mich auf für das ganz andere, für das Heilige, in dem ich geschützt bin vor allem, was mich verletzen möchte.

Das deutsche Wort „Sehnsucht" kommt von der „Sehne". Die Sehne spannt sich. Sehnsucht erzeugt im Menschen eine gesunde Spannung zwischen dem, was ist, und dem, wonach er sich sehnt. In dieser Spannung weitet sich das Herz. Ohne Sehnsucht verliert der Mensch seine Spannung. Er wird gleichsam wie abgestandenes Bier. Es schmeckt nicht mehr. Die Sehnsucht gibt dem Leben einen guten Geschmack. Neben einem Menschen, der die Sehnsucht verloren hat, fühlen wir uns nicht wohl. Von ihm geht Kälte und Hoffnungslosigkeit aus. Mit einem Menschen voller Sehnsucht können wir uns gut unterhalten. Da wird das Gespräch spannend. Es dringt in die Tiefen des Menschseins vor. Die Sehnsucht führt uns auf den Grund unserer Seele, zu unserem wahren Selbst, zu dem Potenzial, das in unserer Seele bereitliegt.

Jeder Mensch kennt die Sehnsucht, zu lieben und geliebt zu werden. Und auch in dieser Sehnsucht werden wir Erfüllung und Enttäuschung erfahren. Wir werden nie erleben, dass jemand kommt, der uns so liebt, dass wir für immer satt sind. Eine tiefe Liebeserfahrung weckt die Sehnsucht nach einer Intensivierung. Das Ziel der verzaubernden und der enttäuschenden Erfahrungen der Liebe ist, dass wir *Liebe sind*. Manchmal dürfen wir diese Erfahrung machen. Da *sind* wir voller Liebe. Da lieben wir nicht mehr einen bestimmten Menschen, sondern die Liebe in uns strömt zu allem, was ist. In solchen Augenblicken ahnen wir, wohin uns die Sehnsucht führen möchte. In solchen Augenblicken sind wir in der Liebe und letztlich in Gott. Da verstehen wir, was Johannes in seinem Brief schreibt: „Gott ist Liebe, und wer in der Liebe bleibt, bleibt in Gott und Gott bleibt in ihm." (1 Joh 4,16) Immer wieder erzählen mir Frauen, die sich in einen Mann verliebt haben, wie unglücklich sie seien, weil der Mann ihre Liebe nicht erwidert. Sie sehnen sich nach seiner Liebe. Aber sie erfahren keine Erfüllung ihrer Sehnsucht. Ich antworte dann immer mit dem Wort von Exupéry: „In der Sehnsucht nach Liebe ist schon Liebe." Die Sehnsucht, die der Mann in der verliebten Frau weckt, gehört der Frau. Die kann ihr niemand nehmen. Und in der Sehnsucht erfährt sie in sich Liebe. Der Gedanke an den Mann bringt sie in Berührung mit der Liebe, die auf dem Grund ihrer Seele ist. Wenn sie diese Liebe in sich bewusst erfährt, wird sie unabhängig von diesem konkreten Mann. Wenn der Mann die Liebe erwidert, darf sie sie dankbar genießen. Aber auch wenn er nicht darauf antwortet, muss sie deshalb nicht unglücklich sein. Sie hat etwas erfahren, was ihr niemand nehmen kann. Sie hat in sich die Sehnsucht nach Liebe erfahren. Und diese Sehnsucht hat sie in den Grund ihrer Seele geführt, in dem sie Liebe ist. Diese Liebe kann ihr nicht genommen werden. Sie ist ihr Besitz. Sie kann geweckt werden durch andere, aber sie wird nicht von anderen gestillt.

Andere beklagen sich, dass sie Gott nicht spüren. Gott können wir tatsächlich nicht direkt sehen oder hören. Aber in der Sehnsucht hat Gott eine Spur in unser Herz gegraben. In der Sehnsucht nach Gott ist schon Gott. In der Sehnsucht vermag ich die Spur Gottes in meinem Herzen zu spüren. Die Sehnsucht ist also der Weg, Gott zu erfahren, mitten in einer Welt, die unter der Gottesferne leidet. In der Sehnsucht hat Gott etwas in meine Seele gelegt, was diese Welt übersteigt, was nicht von dieser Welt ist und daher auch von dieser Welt nicht zerstört werden kann. Daher gilt das Wort des irischen Dichters O'Donohue: „Das Schönste, was wir überhaupt besitzen, ist unsere Sehnsucht." Die Sehnsucht ist es, die den Menschen heiligt und ihm seine Würde verleiht. In der Sehnsucht reicht der Mensch in Gott hinein. Da wohnt er in Gott. Und so kann er gerade in der Sehnsucht einen tiefen inneren Frieden erfahren, der ihm durch keine äußeren Widerfahrnisse ganz genommen werden kann.

Es ist hilfreich, sich ganz bewusst immer wieder die Frage zu stellen: „Was ist meine tiefste Sehnsucht?" Es muss nicht gleich eine Antwort darauf geben. Aber diese Frage führt uns tief in unser Inneres. Ahnungen tauchen, die uns mit unserem tiefsten Wesen in Berührung bringen. Und auf einmal spüren wir: Diese Welt ist nicht alles. Auch wenn unser Leben noch so reich ist – es gibt noch eine Wirklichkeit, die reicher ist. Unsere Sehnsucht bringt uns mit ihr in Berührung.

Lebe deine Sehnsucht,
denn das, was ist, ist nicht alles.
Frage dich jeden Tag,
wie du deine Sehnsucht leben kannst.
Lass deine Sehnsucht zu.
Du wirst spüren:
Wir tragen in uns etwas, was diese Welt übersteigt.

Gib deiner Sehnsucht Ausdruck im Singen.
Erfahre sie im Tanzen.
Spüre ihr nach beim Betrachten eines Bildes.
Halte die Flamme in dir wach.
Versuche mit jeder Sehnsucht, die in dir aufsteigt,
dein Leben anzuschauen.

Spüre deiner Sehnsucht nach.
Dann wirst du entdecken:
Sehnsucht ist keine Flucht vor dem Leben.
Sehnsucht ist intensiveres Leben.
Sie ist nichts, was dich vertröstet.
Sie führt dich mitten ins wahre Leben.
Hier und jetzt.

Lass sie nicht zudröhnen
vom Lärm des Alltags.
Lass sie nicht zuschütten
von der Banalität des Konsums.
Lass dich nicht vertrösten von leeren Versprechungen.
Spüre in dir selber die Höhen und Tiefen
deines Lebens.

Mach dich auf und folge dem, was deine
Sehnsucht dir zeigt:
die Spur des unbegreiflichen Geheimnisses
deines Lebens.

Die Sehnsucht führt dich
zum wahren Reichtum deiner Seele.
Sie führt dich zu dem,
der dein Herz mit Licht und Liebe erfüllt.
Zu dem,
der das Ziel all deiner Sehnsüchte ist.

14

AKZEPTIERE, DASS DU ENDLICH BIST, ABER VERGISS NICHT: DU BIST UNENDLICH GELIEBT

Dass der Mensch allmächtig und unsterblich sei, ist ein Irrglaube, der nicht erst mit den technischen Möglichkeiten der Neuzeit aufkam. Diese Vorstellung ist eine Versuchung, fast so alt wie die Menschheit. Eugen Drewermann hat die Sündenfallgeschichte, wie sie uns das Buch Genesis erzählt, so interpretiert: Die Ursünde ist die Verweigerung, sein Menschsein in seiner Endlichkeit und Angewiesenheit auf Gott anzunehmen. Der Mensch will sein wie Gott. Er kann es nicht aushalten, nur Mensch zu sein. Die Bibel will uns mit dieser Geschichte sagen, dass wir unsere Endlichkeit akzeptieren sollen. Wir sind von der Erde genommen und werden zur Erde zurückkehren. Wir müssen im Schweiße unseres Angesichts unser tägliches Brot essen. (Vgl. Gen 3,19) Das ganze Alte Testament hält uns immer wieder die Endlichkeit des Menschen vor Augen, seine Sterblichkeit, seine Unfähigkeit, nach dem Willen Gottes und damit seinem Wesen gemäß zu leben. Immer wieder scheitert der Mensch. Gott muss ihn wieder herausholen aus seiner inneren Gefangenschaft. Er muss ihn herausreißen aus dem Sumpf seiner Emotionen und seines Unbewussten, der ihn zu verschlingen droht. Der Mensch ist angewiesen auf Gottes rettendes und heilendes Wirken. Doch dem Menschen fällt es schwer, seine Endlichkeit anzuerkennen. Er möchte selbst alles im Griff haben. Er möchte letztlich sein wie Gott, keinem Rechenschaft schuldig, auf niemanden angewiesen.

Die Mönche haben daher die Demut als die wichtigste Tugend des Menschen gesehen. Demut – im Lateinischen humilitas – meint den Mut, hinabzusteigen in die eigene Endlichkeit und Erdhaftigkeit. Sie meint den Mut, zu akzeptieren, dass wir von der Erde genommen sind, aus Staub gebildet. Wer dieses Hinabsteigen in die eigene Wahrheit verweigert, der wird überheblich und blind. Die Hybris führt ihn dazu, seine Augen vor seiner Endlichkeit zu verschließen. Er hält an seinem hohen Idealbild, an seinem Götzenbild, das er von sich selbst gemacht hat, fest. Doch das führt dazu, dass er ständig in der Angst lebt, die anderen könnten hinter seine Fassade schauen. Jesus heilt den Blindgeborenen, indem er auf die Erde, auf den Humus spuckt und einen Brei aus Dreck und Speichel macht und ihn dem Blinden auf die Augen schmiert. Er möchte ihm damit sagen: Nur wenn du dich aussöhnst mit deiner Erdhaftigkeit, mit dem Dreck, der auch in dir ist, wirst du sehen können. (Vgl. Joh 9)

Das Neue Testament bleibt jedoch nicht dabei stehen, uns zu ermahnen, unsere Menschlichkeit und Endlichkeit zu akzeptieren. Es verkündet uns die Frohe Botschaft, dass Gott selbst herabgestiegen ist, um Mensch zu werden. Der unendliche Gott wird ein endlicher Mensch. In Jesus Christus verbindet sich Gottes Unendlichkeit mit der Endlichkeit des Menschen. Wir haben es daher nicht mehr nötig, sein zu wollen wie Gott. Denn Gott selber hat uns durch seine Menschwerdung vergöttlicht. Das ist die Deutung, die die griechischen Kirchenväter immer wieder geben: Gott wurde Mensch, damit der Mensch vergöttlicht werde. In unsere Sterblichkeit hat Gott den Keim der Unsterblichkeit eingepflanzt, in unsere Vergänglichkeit seine Unvergänglichkeit, in unsere Endlichkeit seine Unendlichkeit.

Die Vergöttlichung des Menschen klingt für manche zu abstrakt. Wir können sie auch in personalen Begriffen ausdrücken. Dann heißt es: Du bist unendlich von Gott geliebt. Vergöttlichung bedeutet das Durchdrungensein von Gottes unendlicher Liebe. Wir sehnen uns danach, unendlich und bedingungslos geliebt zu werden. Aber oft machen wir die Erfahrung, dass wir uns unsere Liebe erkaufen müssen, indem wir etwas leisten, indem wir besonders brav sind und es allen recht machen. Doch wenn ich nur geliebt werde, wenn ich eine Bedingung erfülle, dann – so meint Karl Frielingsdorf – ist das nur ein Überleben. Ich entwickle Strategien des Überlebens. Ich passe mich überall an, damit ich beliebt bleibe. Ich leiste immer mehr, damit man mich mag. Und ich grüble nach, was die anderen von mir erwarten und was sie gerne von mir hätten, wie sie mich am liebsten erleben würden. Ich lebe nicht aus meinem eigenen Grund, sondern ich lebe von den anderen her. Da ist es heilsam, zu erfahren: Ich bin unendlich geliebt, bedingungslos akzeptiert.

Für Christen wird diese bedingungslose Liebe in der Taufe sichtbar. Als Jesus im Jordan von Johannes getauft wurde, öffnete sich über ihm der Himmel und Gottes Stimme erscholl: „Du bist mein geliebter Sohn, an dir habe ich Gefallen gefunden." (Mk 1,11) Dieses Wort wurde auch über uns in der Taufe gesagt: „Du bist mein geliebter Sohn, meine geliebte Tochter, an dir habe ich Gefallen. Ich liebe dich so, wie du bist. Ich liebe dich, weil du bist." Die Erfahrung der unendlichen Liebe Gottes, die an keine Bedingungen geknüpft ist, ist der Grund, auf den wir bauen können. Es ist ein tragfähiger Grund. Unser Lebensgebäude wird nicht zusammenstürzen, wenn wir von dem einen oder anderen Menschen keine Liebe erfahren.

Die stoische Philosophie sagt: Nicht die Menschen verletzen uns, sondern die Vorstellungen, die wir uns von ihnen machen. Wenn ich von diesem oder jenem Menschen Liebe erwarte, dann entwickle ich eine bestimmte Vorstellung von ihm. Wenn der andere sie nicht erfüllt, fühle ich mich verletzt. Eine Frau renovierte mit großem Engagement ihren Hausflur. Sie wartete voller Stolz auf das Kommen ihres Mannes. Doch als der Mann von der Arbeit kam, war er so voll von den Problemen der Arbeit, dass er gar nicht wahrnahm, was seine Frau zu Wege gebracht hatte. Das hat sie tief verletzt. Doch was hat sie wirklich verletzt? Der Mann wollte sie nicht verletzen. Doch die Vorstellung, die sie sich von ihm gemacht hatte, der müsste doch merken, was sie gearbeitet hatte, die hat sie verletzt. Denn ihr Mann hat diese Vorstellung nicht erfüllt. Wir meinen gleich, wir würden nicht mehr geliebt, wenn der andere unsere Vorstellungen von Liebe nicht erfüllt. Der Mann, der gedankenverloren nach Hause kam, liebte seine Frau nach wie vor. Aber die Frau konnte das nicht sehen, weil sie so auf ihre Vorstellung von Liebe fixiert war. In gewisser Weise hat die Stoa recht: Der andere kann mich letztlich nicht verletzen. Er kann das Haus, das auf dem Fundament der Liebe Gottes gebaut ist, nicht zum Einsturz bringen. Denn es ist getragen von der unendlichen Liebe Gottes, die durch die Verweigerung endlicher Liebe nicht gemindert werden kann.

Und noch in der letzten Erfahrung unserer Endlichkeit, in der Grenzerfahrung des Todes, die uns daran erinnert, dass wir sterbliche Menschen sind und nicht Gott, werden wir durch die Erfahrung einer unendlichen Liebe verwandelt werden. Gerade dann wird unsere Sehnsucht nach ewigem Leben und nach ewiger Liebe erfüllt. Wenn wir an dieser letzten Grenze Gott begegnen, werden wir nicht ins Nichts aufgelöst, sondern da wird unser innerster Kern, unsere Person, für immer gerettet werden. In dieser endgültigen Begegnung mit dem Gott, der Liebe ist, wird das ursprüngliche und unverfälschte Bild, das er in unsere Seele eingeprägt hat, in seinem wahren Glanz aufleuchten. Für immer.

Akzeptiere,
dass du endlich bist.
Aber vergiss nicht:
Du bist unendlich geliebt.

Du kannst deine Endlichkeit nur annehmen,
wenn du dich unendlich geliebt fühlst.
Du wirst deine Schattenseiten erst dann akzeptieren,
wenn du weißt, dass du mit allem, was in dir ist,
von Gott geliebt bist.
Auch das, was du selbst nicht akzeptieren kannst,
ist von Gott angenommen.

Vielleicht sagst du:
Das klingt ja gut, aber ich erfahre das nicht.
Vielleicht hast du die Empfindung:
Ich kann es nicht glauben,
dass ich bedingungslos geliebt bin.

Vielleicht denkst du:
Ich kann mich ja selbst nicht so lieben,
wie ich bin.
Wie sollte ein Mensch mich so akzeptieren
und wie sollte Gott damit zufrieden sein?

Ich kann deine Zweifel gut verstehen.
Der innere Richter in uns ist unbarmherzig.
Und er entwertet uns ständig.
Doch versuche zu unterscheiden
zwischen dem unbarmherzigen Richter in dir
und dem barmherzigen Gott.

Versuche gegen diesen unbarmherzigen Richter
in dir die Zusage Gottes gelten zu lassen:
„Du bist mein geliebter Sohn, meine geliebte Tochter,
an dir habe ich Gefallen.“

Lass diese Worte in deine Zweifel eindringen.
Irgendwann werden die Worte
dann in dir Wirklichkeit.
Und du wirst dir eingestehen können:
Ja, ich bin unendlich geliebt.

Und alles wird gut sein.

15
IMMER WIEDER: SUCHE DIE STILLE

Die Stille ernährt, der Lärm verbraucht", hat Reinhold Schneider einmal gesagt. Wir sehnen uns heute vielleicht deshalb so sehr nach Stille, weil der Lärm der Gegenwart, der mit seinem hektischen Anspruch rund um die Uhr auf uns eindringt, so kräftezehrend ist. Die Erfahrung Reinhold Schneiders ist nichts Neues. Aus dem alten Ägypten ist uns ein Spruch überliefert, der sagt: „Wer sich abhetzt, wird nie Vollkommenheit erlangen. Dazu gehören Ruhe und Stille." Und vor über 150 Jahren hat der dänische Religionsphilosoph Sören Kierkegaard den Lärm einer immer lauter werdenden Welt als krankmachend beschrieben. Wenn er Arzt wäre, so meinte er, würde er als Heilmittel raten: „Schafft Schweigen!"

Unsere Welt ist nicht stiller und nicht ruhiger geworden. Umso notwendiger brauchen wir dieses Heilmittel. Nur so können wir zu uns selber kommen. Wir kommen nur zu uns selber, wenn wir still werden, wenn wir die störenden Einflüsse von außen nicht auf uns wirken lassen. Wir brauchen die Stille, um wir selbst zu werden, um ganz bei uns zu sein. Nur so wird ein menschenwürdiges Leben möglich.

Aber wir finden diese Stille oft nicht. Dabei liegt es an uns selber, ob wir sie finden. Die Erfahrung von Stille ist nicht etwas, was in unserer Lebenswelt selbstverständlich wäre. Man muss selber etwas dazu tun, um sie zu finden und zu erfahren. Ihre Erfahrung ist an Bedingungen geknüpft. Die erste Bedingung, um still zu werden, ist: stehen zu bleiben. Stille kommt von stellen. Ich stelle mich auf. Ich bleibe unbeweglich. Ich bleibe stehen. Wenn ich stehen bleibe, taucht der Hunger in mir auf. Er weist auf etwas hin, was lebensnotwendig ist. Das hungrige Kind braucht die Mutter, die es stillt. Die Stille ernährt die Seele. Da wir unseren inneren Hunger nicht gerne spüren, bleiben wir so wenig stehen. Wir sind immer auf der Flucht vor uns selbst. Es braucht Mut, stehen zu bleiben, inne zu halten und sich dem eigenen Mangel zu stellen. Aber wenn wir diesen Mut aufbringen, wird er belohnt. Wir werden innerlich still. Wir kommen in Berührung mit uns selbst. Wir spüren uns selbst. Und wir spüren in uns den Hunger. Aber es ist kein Hunger, der sofort mit Essen oder Trinken gestillt werden muss. Vielmehr taucht da in uns eine tiefe Sehnsucht auf. Und die Sehnsucht ist nicht nur Hunger. „Die Sehnsucht", so meint Arthur Schnitzler, „ist es, die unsere Seele nährt, und nicht die Erfüllung." Im Schweigen werden wir also genährt und gestillt, aber nicht mit äußeren Dingen, sondern mit der Sehnsucht. Die Sehnsucht ist etwas Heiliges in uns. Sie bringt uns in Berührung mit dem inneren Reichtum unserer Seele.

Im Lärm unserer Welt und im Lärm unserer eigenen Gedanken sehnen wir uns immer wieder danach, still zu werden, unsere Seele im Schweigen zu baden. Mir geht es oft so nach Gesprächen und Vorträgen. Da ist mein Bedürfnis nach Kommunikation restlos gestillt. Da sehne ich mich einfach nach Stille. Die Stille ist absichtslos.

Da muss ich nichts bringen, nichts geben. Da kann ich einfach sein, wie ich bin. In der Stille komme ich zu mir selbst. Da komme ich im eigenen Herzen an. Und das tut gut. Dauernder Lärm macht krank. Das haben viele Untersuchungen festgestellt. Stille tut nicht nur der Seele, sondern auch dem Leib gut. In der Stille können wir regenerieren.

Die Stille hat aber noch eine andere Wirkung. Sie reinigt und klärt. Immer wieder vermischen sich unsere Emotionen mit den Emotionen der anderen. Und oft genug fühlen wir uns innerlich beschmutzt. Da braucht es das Bad des Schweigens. Wenn ich in mir ärgerliche Gedanken über Mitmenschen oder bittere Gefühle nach Enttäuschungen spüre, dann brauche ich die Stille.

Die Stille klärt das Trübe in mir. In einem chinesischen Gedicht wird gefragt: „Wer kann so viel Stille aufbringen, um das Trübe in sich zu klären?" Der Wein muss stehen bleiben, damit das Trübe sich setzen kann. So müssen wir stillstehen, damit sich all die Trübungen in uns klären und der ursprüngliche Glanz unserer Seele wieder neu aufleuchtet.

In der Stille begegne ich meiner eigenen Wahrheit. Und diese Begegnung ist nicht immer angenehm. Ich kann sie nur aushalten, wenn ich aufhöre, mich selbst zu bewerten. Wenn ich einfach wahrnehme, was in mir ist, kann ich es zulassen und mich damit aussöhnen.

Für mich gehört jedoch noch etwas anderes zur Stille. Ich halte das, was in mir ist, in das Licht der Liebe Gottes. Ich muss es nicht einfach aushalten. Ich schaue es an im Licht Gottes. Und in diesem Licht sieht es anders aus. Es ist umfangen von Gottes Liebe. Es darf so sein, wie es ist. Aber durch die Liebe Gottes und durch meinen eigenen wohlwollenden Blick wird es verwandelt. Es verliert das Bedrohliche. Es darf sein. Aber es hat keine Macht mehr über mich. In der Begegnung mit dem Gott, der mich bedingungslos annimmt, kann ich die Stille aushalten. Wenn ich gnadenlos nur mit mir selbst konfrontiert wäre, würde ich wohl davonlaufen. Es fiele mir schwer, die Stille auszuhalten.

Die Stille ist für mich zugleich der Ort der tiefsten Gotteserfahrung. In der Stille höre ich auf, mir Gedanken über Gott oder Vorstellungen von ihm zu machen. Ich bin einfach da vor Gott. Ich sitze in seiner Gegenwart, von seiner heilenden und liebenden Nähe umgeben. Das genügt mir. In der Stille fühle ich mich ganz und gar geliebt.

Es sind verschiedene Erfahrungen, die ich in der Stille mache. Manchmal habe ich das Gefühl, Gott schaut mich an. Und unter seinen Augen darf ich sein, wie ich bin. Ein andermal sehe ich Gott nicht als Gegenüber. Ich bin in der Stille einfach eins mit mir selbst. Und in dieser Einheit fühle ich mich zugleich eins mit allem, was ist, eins mit der Schöpfung, eins mit den Menschen und eins mit dem Urgrund allen Seins, mit Gott. In dieser Erfahrung des Einsseins steht die Zeit still. Da fallen Zeit und Ewigkeit zusammen. Da sind Gott und Mensch eins. Himmel und Erde verbinden sich.

Es sind tiefe Augenblicke des Glücks, die in der Stille möglich sind. Aber ich kann sie nicht festhalten. Sie sind immer nur für einen kurzen Augenblick spürbar. Dann bin ich in Gedanken wieder woanders. Dann ist es zwar äußerlich still. Aber in meinem Verstand lärmen die Gedanken. Es braucht dann Disziplin, um nicht davonzulaufen, sondern still sitzen zu bleiben. Nur wenn ich auch den inneren Lärm in der Stille aushalte, kann er sich wieder legen. Oder aber ich stelle mir vor: Die Gedanken sind wie Wellen, die die Oberfläche des Meeres aufwühlen. Je tiefer ich nach unten gelange, desto ruhiger wird es. Die Japaner stellen es sich anders vor. Ich sitze da wie der heilige Berg Fujiyama. Die Winde und Stürme, die Wolken und Regenschauer kommen und gehen. Aber der Berg bleibt unbeweglich und lässt sich davon nicht aus der Ruhe bringen.

Ich muss die Stille nicht machen. Sie ist schon da. Wenn ich durch Wälder wandere, abseits der Straßen, dann umgibt mich die Stille. Ich muss sie nur wahrnehmen. Dann wird sie mich heilend umhüllen und auch meine Seele still machen.

Aber die Stille ist nicht nur außerhalb. Sie ist auch in mir. Die Mystiker sind davon überzeugt, dass in uns ein Raum der Stille ist, in dem Gott wohnt. Wir müssen die Stille nicht schaffen. Sie ist in uns. Aber wir sind oft von ihr abgeschnitten. Daher ist es gut, in der äußeren Stille den inneren Raum des Schweigens in sich zu entdecken und sich dorthin zurückzuziehen. In diesen Raum der Stille können die Menschen mit ihren Erwartungen und

Ansprüchen, mit ihren Urteilen und Beurteilungen nicht vordringen. Dort kann niemand mich verletzen. Zu diesem Raum der Stille haben auch die eigenen Gedanken und Gefühle, meine Ängste, meine Sorgen, meine Selbstentwertungen und Selbstverurteilungen keinen Zutritt.

Die Mönche nennen diesen Ort der Stille heilig. Es ist etwas, worüber die Welt keine Macht hat. Das griechische Wort für heilig „hagios" führt zu dem deutschen Ausdruck „Gehege". Das von der Welt Abgegrenzte ist das Gehege. Und dort fühle ich mich wohl. In dem heiligen Raum der Stille kann ich es bei mir selbst aushalten. Da bin ich daheim, da erfahre ich meine innere Heimat. „Heim" kommt von „liegen, sich lagern, sich bergen". Wo ich vom Geheimnis Gottes umgeben bin, da bin ich daheim, da kann ich mich sicher lagern, da bin ich geborgen. So ist die Stille etwas Heilsames. Sie bringt mich in Berührung mit dem Geheimnis Gottes und dem Geheimnis meines Lebens und meines Selbst. Und sie führt mich in den Raum, in dem ich heil bin und ganz, lauter und rein, makellos und unbefleckt, authentisch und ursprünglich, in dem die Herrlichkeit Gottes in mir aufstrahlt. Hier ist der Ort des wahren Glücks.

Suche die Stille, immer wieder.
Suche dir Orte aus,
an denen du gerne bist.
Wähle dir einen Platz,
an dem du gut still werden kannst.

Vielleicht ist es für dich eine Kirche,
abseits vom Lärm der Straßen.
Eine Kirche, in der schon seit Jahrhunderten
Menschen gebetet haben.
An einem solchen Ort ist die Stille manchmal
körperlich spürbar.

Vielleicht kennst du auch in der Natur Orte,
an denen es ganz still ist.
Einen ruhigen Wald.
Eine einsame Landschaft.
Abgelegene Feldwege, die nur du gehst.
Auf denen du nie einen anderen antriffst.

Suche die Stille.
Immer wieder.

Suche sie besonders, wenn du innerlich unruhig bist.
Und wundere dich nicht, wenn die Unruhe
nicht sofort verschwindet.

Wenn du merkst, dass du gar nicht schweigen kannst,
beunruhige dich nicht.
Dann versuche erst einmal zu gehen.
Das Gehen kann dich vom inneren Lärm befreien.

Denke beim Gehen nicht über Probleme nach.
Gehe dich einfach frei.
Überlasse dich ganz dem Gehen.
Dann wird es dich in die Stille führen.

Wenn du nach der Wanderung stehen bleibst,
spüre deinem Inneren nach.
Achte auf die Veränderung.

Du wirst auf einmal die Stille wahrnehmen.
Du kannst sie genießen.
Und du wirst spüren:
In der Stille bin ich eingehüllt
von einer heilenden und liebenden Nähe.

Du wirst spüren:
Hier bin ich ganz da.
Ich brauche nichts zu machen.
Ich bin in der Stille.
Ich bin bei mir. Ich bin in Gott.
Und in Ihm ist alles, wonach ich mich sehne.

ZUM AUTOR

Foto: © Verlag Herder, Sarah Hornschuh

Anselm Grün OSB, Dr. theol., Mönch der Benediktinerabtei Münsterschwarzach. Geistlicher Berater und Kursleiter für Meditation, tiefenpsychologische Auslegung von Träumen, Fasten und Kontemplation. Weltweit erfolgreichster spiritueller Autor unserer Tage mit Übersetzungen in mehr als 30 Sprachen. Zahlreiche Veröffentlichungen zu Themen der Spiritualität und Lebenskunst. Sein periodischer Monatsbrief „einfach leben" begeistert zahlreiche Leser (www.einfach lebenbrief.de).

In der Reihe der einfach-leben-Bücher sind zuletzt erschienen: Kleine Gebetsschule; Einfach leben. 365 Tagesimpulse; Das Buch der Rituale; Das Buch der Segenswünsche; Wege der Verwandlung. Emotionen als Kraftquelle entdecken und seelische Verletzungen heilen; Der Engel der Einfachheit. Und andere himmlische Boten, die das Leben leichter machen; Was der Seele gut tut. Inspirationen; Jeden Tag zur Ruhe kommen. Jahresbegleiter.